STOP DEPRESIÓN

GUÍA PARA SUPERAR UNA DEPRESIÓN SIN TOMAR PASTILLAS

BASADO EN UNA HISTORIA REAL

RUBÉN QUINTAS

EX DEPRESIVO

Índice

PRÓLOGO

Después de varios intentos, por fin me he sentado a escribir este libro.

No ha sido por no querer hacerlo, sino porque a lo largo de estos años he estado investigando acerca de los posibles conflictos que generan una depresión, y nunca encontraba el momento ideal para poder plasmar toda la experiencia vivida porque pensaba que siempre me quedarían cosas que contar, ya que, a día de hoy, sigo investigando, y todo lo nuevo se quedaría fuera del libro. Sin embargo, es cierto que ya poseo bastante información como para plasmarla en un libro y que el lector se beneficie de todos los conocimientos que he adquirido.

Al fin y al cabo, con toda esta información, yo he superado mi depresión. ¡Qué mejor excusa que esa!

Mi historia es mi experiencia. Quiero que entiendas que tu historia, por muy parecida o distinta que sea de la mía, es tu experiencia. Solo tú puedes descifrar los motivos y los pasos que tienes que dar para lograr liberarte, pero estoy seguro de que con este libro lograrás dar un gran salto hacia eso que buscas.

Si tienes el libro en tus manos, es porque estás intentando superar tu depresión, y decisiones como la adquisición de este libro, entre otras muchas, te ayudarán a conseguirlo.

Es por eso que siempre animo a la gente que se cruza en mi camino a que tomen decisiones, a que no se estanquen en una experiencia, ¡sobre todo si es negativa!

Toma decisiones. Si algo está mal en tu vida, cámbialo, no te dejes llevar por la corriente, solo déjate llevar por lo que tú quieras y te haga sentir bien. Respétate, quiérete, no esperes que los demás lo hagan por ti, tu felicidad no depende de eso.

Si alguna vez estás viviendo una situación negativa para ti, o estás rodeado de gente tóxica, ¡toma decisiones! Por muy difícil que creas que sería tomarla, es vital para tu salud. Solo depende de ti, verás cómo el camino se va haciendo más fácil. Cada día que pasa es un día menos para ser felices, depende de ti.

Mi propósito con este libro no es dar una pócima mágica con la que puedas curarte en dos días. La finalidad de este libro es contar la experiencia de una persona que ha vivido más de siete años con un diagnóstico de *depresión,* según los médicos, psicólogos y psiquiatras que me he encontrado en mi camino, y que, como su manera de intentar *curarme* no me ayudó, busqué alternativas, terapias que irás descubriendo poco a poco en este libro y que, gracias a ellas, puedo decir que estoy curado y que ese diagnóstico se ha esfumado.

No quiero decir con esto que sus métodos no fueran válidos, simplemente, yo no encontré mejoría con ellos. A pesar de ello, gracias a Dios, tuve la fuerza para buscar otros caminos, otras alternativas que, al final, han sido muy efectivas.

No a todo el mundo le hace el mismo efecto una pastilla o una terapia, es por eso que tú tienes que buscar tu propio camino como yo lo hice en su día. Y si tienes este libro entre las manos, es porque ese camino ya lo estás recorriendo. Me alegro muchísimo y te doy las gracias, a ti y a todos los lectores y personas que buscan su felicidad cada día.

A lo largo de este camino de búsqueda de tu salud, vas a encontrar a muchas personas que van a guiarte. En este caso, voy a ser yo, aportándote mi experiencia vivida durante los años que he tenido depresión, así como las diferentes terapias que me han ayudado a conseguir superarla. Pero lo más importante no es la información que te voy a dar, lo que realmente importa es lo que tú vas a hacer con todo lo que vas a aprender, porque nadie va a recorrer el camino por ti. Tienes que estar dispuesto a poner en práctica lo que vas a descubrir.

Sé que hay momentos de agotamiento, sensaciones de querer tirar la toalla, pero confía en que todo lo que estás viviendo algún día formará parte del pasado, y eso te hará más fuerte.

Me gustaría que comenzásemos por el principio, como en su época hice yo, y que consiste en realizar un simple test psicológico que mide el nivel de tu depresión, para evaluar tu estado emocional actual. Pero antes de esto, quiero hablarte brevemente sobre una pregunta que mucha gente se suele hacer en algún momento de su vida: ¿estoy triste o estoy deprimido?

¿Estás triste o estás deprimido?

En primer lugar, es necesario poder diferenciar entre tener un estado de ánimo de tristeza y padecer una depresión.

La mayoría de las personas se han planteado esta pregunta alguna vez, ya que tristeza y depresión son términos que con frecuencia son confundidos o malinterpretados, algo comprensible si tenemos en cuenta que ambas comparten algunas características. Por esta razón es importante diferenciarlas, para estar atentos a lo que realmente significan nuestros cambios de ánimo.

Las emociones son reacciones que los humanos tenemos ante ciertos estímulos del entorno. Son naturales y forman parte de nuestro sistema de aprendizaje y desarrollo, ya que nos permiten darle un matiz a cada situación.

Si tienes personas en tu vida que te quieren o, simplemente, que se preocupan por ti, ábrete a ellas, cuéntales lo que te pasa, explícales esas sensaciones raras que sientes, por muy disparatadas que sean. No tengas miedo de expresar lo que sientes, no tienes que aparentar ser una persona distinta solo para que no se preocupen o para no sentirte inferior a causa de estar atravesando esta mala etapa.

Muéstrate como eres y como estás en ese momento de tu vida, solo así podrán entender la situación que estás viviendo para poder apoyarte y ayudarte.

Tristeza

La tristeza es una emoción natural que aparece cuando nuestros deseos no se cumplen, cuando la realidad es diferente a nuestras expectativas o cuando esta se ve alterada por un hecho importante. Normalmente, es un estado transitorio que, al cabo de un tiempo, se pasa.

Este sentimiento es parte de nuestra existencia. La tristeza se presenta ante situaciones dolorosas de pérdida, enfermedad, duelo o decepción, y es la razón por la que reaccionamos con llanto, decaimiento y falta de energía ante eventos como la muerte de un ser querido, la ruptura con la pareja o la no consecución de un logro importante como pueda ser graduarnos, conseguir un trabajo u obtener un ascenso. El dolor parece no dejarnos nunca, y muchas veces nos imposibilita retomar nuestras actividades diarias. Eso es lo más peligroso de todo, dejar que la tristeza nos mantenga en su ciclo destructivo.

Por lo tanto, estar tristes significa que estamos reaccionando ante estas situaciones como parte de un proceso necesario para nuestra mente, en el cual podemos reflexionar para luego continuar.

La tristeza es totalmente normal, y sentirla es necesario. Cuando reprimimos la tristeza intentando mostrar otras emociones, solapándola, se convierte en un desgaste emocional innecesario. Si alguien asegura sentirse alegre ante una pérdida, tal vez sea una buena razón para preocuparse.

La tristeza puede presentarse mezclada con otras emociones como ira o desagrado, haciendo que sea confuso distinguirla. Igualmente, puede estar ocasionada por cambios físicos, como la alteración en los niveles de hormonas. Sin embargo, no debe ser motivo de preocupación, siempre y cuando no dure más de unos cuantos días.

Normalmente, las personas tristes se recuperan de forma rápida, requiriendo el apoyo de familiares y amigos y retomando su rutina habitual.

Cuando la tristeza no logra superarse rápidamente, puede ser signo de depresión, por lo que es necesario que la persona contribuya con su proceso interno de superación y que se mantenga atenta a sus emociones y cambios de ánimo, a fin de identificar correctamente si lo que siente es realmente tristeza.

La tristeza se convierte en depresión cuando la persona deja de ser capaz de afrontar su día a día porque las emociones lo superan.

Cuando la tristeza dura más de unas cuantas semanas, entonces es hora de preguntarse: ¿estás triste o estás deprimido?

Depresión

La depresión es un trastorno mental frecuente. Se calcula que afecta a 350 millones de personas en el mundo. Por eso, es conveniente que sepas más sobre esta enfermedad, cómo detectarla en sus inicios y cómo combatirla.

Además, quien la padece pierde la capacidad de disfrutar de casi cualquier cosa, incluso de aquellas que normalmente captaban su interés.

La depresión es una condición en la que se ve afectada la salud mental, un trastorno emocional en el que se ve comprometido el estado anímico y la motivación para hacer ciertas cosas, ocasionando desinterés, tristeza, ira, irritabilidad, frustración, desmotivación y cansancio constante, fenómenos que interfieren con la vida diaria del individuo durante un periodo mayor a algunas semanas.

Una persona con depresión puede presentar trastornos de sueño (duerme mucho o muy poco), irregularidad en la forma de alimentarse, pérdida del deseo sexual, incapacidad para concentrarse, movimientos muy lentos o muy bruscos, incluso pensamientos de odio contra sí mismo, pudiendo llegar a tener ideas suicidas o de muerte.

Un depresivo, generalmente, tiene baja autoestima, se vuelve incapaz de lidiar con situaciones comunes que pueden ser superadas sin dificultades por cualquier persona en condiciones normales.

Un factor fundamental para entender la diferencia entre la depresión y la tristeza, es que una persona deprimida no se siente con fuerzas para enfrentar la vida. Es una persona que no vive, sino que sobrevive, se encuentra en un estado de desesperación del cual no puede ver salida.

A continuación, te presento varios síntomas de la depresión:

1. Estado de ánimo irritable o bajo la mayoría de las veces.

2. Dificultad para conciliar el sueño o exceso de sueño.

3. Cambio grande en el apetito, a menudo con aumento o pérdida de peso.

4. Cansancio y falta de energía.

5. Sentimientos de inutilidad, odio a sí mismo y culpa.

6. Dificultad para concentrarse.

7. Movimientos lentos o rápidos.

8. Inactividad y retraimiento de las actividades usuales.

9. Sentimientos de desesperanza y abandono.

10. Pensamientos repetitivos de muerte o suicidio.

11. Pérdida de placer en actividades que suelen hacerlo feliz, incluso la actividad sexual.

Cuando estas situaciones tienen lugar en tu día a día, es probable que haya algún desequilibrio en tu vida, sea emocional, mental, espiritual o físico, entre otras muchas más cosas que iremos descubriendo.

¿Cómo se llega a esta situación?

Existen muchos factores que hacen que una persona pueda caer en una depresión. Cada persona tiene una historia, una vida, y es ahí donde hay que investigar los posibles conflictos que provocan que estés viviendo esta situación.

A lo largo del libro te voy a hablar de mis conflictos, esos que hicieron que yo sufriera esta enfermedad durante más de siete años.

Mi opinión

Todo el mundo está en un constante cambio, de trabajo, de pareja, de casa, de amigos, etcétera. Esto significa que existe una tendencia al cambio y que, muchas veces, los cambios no se producen porque nosotros mismos no dejamos que esa sensación interna de querer hacerlo fluya hacia la confianza de poder hacerlo. Te quedas en el miedo a lo nuevo, a dejar lo conocido, incluso, en muchas ocasiones, siendo lo conocido algo que no te aporta nada positivo.

Muchas personas, por no decir todas, pasan por algún momento de su vida en el que algo no va como desean. Las cosas no les van bien y entran en una etapa de frustración, ira, decepción y tristeza que, si se prolonga demasiado en el tiempo, hace probable caer en depresión.

En ese instante de la vida, tienes que pararte a pensar, saber reaccionar a tiempo y tomar las decisiones más adecuadas ante ese problema para seguir adelante, no quedarte estancado en esa situación que te provoca malestar, puesto que tu salud, día a día, se resentirá.

A menudo, no serás consciente de estas situaciones, no porque no las veas ni sepas identificarlas, sino porque el día a día hace que muchas veces no te pares ni a oír y sentir tu cuerpo, no eres consciente del daño que te estás haciendo con algunas de las cosas que haces en tu vida: una relación tóxica de pareja, amigos, familia, un trabajo que no te aporta nada más allá del dinero y estás todos los días renegando de él, etcétera. Estas y muchas más situaciones son las que deben hacernos reflexionar. Tenemos que sentarnos y, siendo honestos con nosotros mismos, preguntarnos si eso es lo que queremos, si realmente nos aporta algo positivo a nuestras vidas. Si no lo hace, no dudes ni un segundo que tienes que quitarlo de tu vida, por mucho que te cueste. Tú eres lo más importante de tu vida, ¿acaso no mereces el mejor cuidado?

Me gustan mucho los cuentos o fábulas para explicar algunos conceptos:

Había una vez un hombre que tenía un perro acostado en el suelo de madera de su casa. El perro se movía inquieto y se quejaba.

Un amigo fue a visitar al hombre y le preguntó qué le ocurría al perro. A lo que este contestó:

– Está acostado sobre un clavo que sobresale del suelo y le molesta.

A lo que el hombre contesta:

– Bueno, ¿y por qué no cambia de lugar?

– Porque le molesta lo suficiente como para quejarse, pero no lo necesario como para cambiar de lugar.

Sé que es difícil tomar estas decisiones. Con frecuencia, conseguimos identificar esas situaciones que nos afectan, pero después nos resignamos y seguimos viviendo de la misma forma, quizás por miedo al cambio, por la seguridad que te proporciona, o por inseguridad. Pero estoy seguro de que el día que seas consciente del fin de tus días tendrás una sensación de haber vivido una vida que no era como quisiste, y todo ello por miedo a ser tú y tomar las decisiones que sentías que debías tomar.

Hay un libro que relata la vida de varias personas que, en su lecho de muerte, se han dado de cuenta de esto y han querido compartir sus últimas impresiones acerca del hecho de tomar las decisiones acorde a lo que queremos y sentimos, para vivir una vida como hubieses querido, en lugar de haber pasado la vida esperando a vivirla. El libro se llama *Los cinco mandamientos para tener una vida plena* de Bronnie Ware.

Steve Jobs lo dijo en Stanford: «Saber que vamos a morir, es la mejor manera de darnos cuenta de que no tenemos nada que perder».

Tener claros tus valores y vivir acorde a ellos es muy importante para lograr vivir en paz. Tienes que saber cuáles son tus valores, y luego vivir tu vida de manera que lo que hagas, digas, pienses y sientas sean una misma cosa, si no, te sentirás siempre insatisfecho y eso hará que sientas tristeza, y nunca estarás bien contigo mismo porque sentirás que te estás traicionando constantemente.

Por eso, te invito a que analices qué valores son importantes para ti, y luego diseñes un plan de vida que sea coherente con ellos y luches por conseguirlo.

Mucha gente dice que no son felices con su trabajo, por ejemplo, pero tampoco se ponen seriamente a pensar en alternativas, porque piensan que hacer un cambio de vida es imposible.

Estoy seguro de que, en ocasiones, eres consciente de que vas en dirección contraria a donde deseas y sigues avanzando por miedo, costumbre o inercia, pero puedes cambiar de dirección en cualquier momento.

Tienes que creer en ti, esto es lo más importante. Si creemos que podemos, pues podemos, y si crees que no puedes, pues no podrás y las circunstancias se encargarán de refrendar ese pensamiento. Eres capaz de todo, tienes los recursos y tu corazón siempre te guiará a aquello que deseas.

¡Para ser libre y feliz hay que atravesar la barrera del dolor!

Deja que tu corazón te guíe. Olvídate de tu cabeza, ella solo crea miedos, sobre todo si aún no estás liberado de cargas, creencias, patrones y programaciones de tu entorno, familia, etcétera. Si vives con dudas todo el día, esto solo provocará que te debilites. Tienes dudas, pero sin saber exactamente de qué o qué poder hacer, o en ocasiones sí que lo sabes, pero no te sientes capaz de afrontar las decisiones para hacer realidad el cambio.

¿Cuántas veces has escuchado la frase: «Escucha a tu corazón»? Seguro que alguna vez, ¿verdad? Vamos a indagar más acerca de lo que significa esa frase.

A largo plazo, si ignoras los mensajes del corazón, pueden aparecer enfermedades como la depresión o ansiedad. Esto es porque estás viviendo en el camino equivocado. Algo va mal, seguro que hace tiempo que lo sabes, pero, si no te escuchas, no sabes por dónde empezar a solucionar tu vida, ni sabes cuál puede ser el problema. Solo sientes una sensación de vacío, de desorientación, no sabes qué haces ni para qué lo haces, solo sigues unas rutinas diarias de trabajo, estudio, etcétera, sin plantearte nada más.

Si escuchas a tu corazón, te puedes ahorrar tiempo y dolor, puesto que no necesitará llamar tu atención a través de experiencias incómodas.

Tu cerebro manda mensajes irracionales, es algo normal porque está construido por creencias basadas en el miedo a confiar en lo desconocido. A lo largo del libro, iremos descubriendo más acerca del origen de estas creencias y cómo hacer para liberarnos de ellas.

¿Cómo saber si habla tu mente o tu corazón?

Cuando tu corazón está hablando, lo sientes por todo tu cuerpo, mientras que si el mensaje viene de tu mente, solo lo sientes en la cabeza.

Los mensajes del corazón te sacuden, te activan, tu visión se aclara, tus percepciones sensoriales aumentan y se agudizan. Las respuestas que vienen a ti se sienten como algo que ya sabías, canalizado y transmitido desde un lugar superior de saber, no diseccionado o masticado. En otras palabras, es una experiencia de cuerpo entero.

El 60 % del corazón se compone de células neuronales y genera un campo electromagnético muy potente que impregna las células de tu cuerpo.

¡La capacidad del corazón para transmitir mensajes es 60 veces mayor que la del cerebro!

El corazón es el primer órgano que funciona después de la concepción, mientras que el cerebro empieza a funcionar después de 90 días. El corazón envía más información al cerebro que la que el cerebro le envía al corazón. Las señales que el corazón envía al cerebro afectan a centros relacionados con el pensamiento estratégico, la reactividad y la autoregulación.

Plantéate por qué estamos diseñados así.

Así que nuestro corazón, como puedes ver, es un mensajero muy poderoso.

Los egipcios creían que el corazón era el punto de acceso a las emociones, la memoria, el alma y las fuentes superiores de conocimiento. Filósofos como Aristóteles creían que la mente estaba situada en el corazón, asiento de toda inteligencia. Culturas como la mesopotámica creían que el corazón era el órgano que dirigía nuestra toma de decisiones, las emociones y la moral.

El corazón es mencionado varias veces en la Biblia como la puerta para el descubrimiento de nuestra vida. En incontables representaciones, Jesús apunta a su corazón como asiento de la sabiduría. Existen varios ejercicios de respiración centrada en el corazón que los budistas utilizan para desarrollar la compasión.

Los neurocardiólogos han descubierto que el corazón posee su propio sistema nervioso, llamado *el cerebro del corazón*. Tiene más de 40 000 neuronas y puede sentir, procesar información, tomar decisiones y memorizar. Además, crea y secreta varias hormonas y neurotransmisores que afectan a una amplia variedad de funciones orgánicas. Una de estas hormonas es la oxitocina, típicamente descrita como la hormona del amor y los lazos afectivos.

El corazón habla un lenguaje similar al del cerebro, pero utiliza un sistema de orientación interior más sofisticado, basado en sentimientos y pensamientos.

El cerebro, con su atributo distintivo de pensar demasiado, tiende a querer controlar y jugar con cosas seguras, por eso recibimos mensajes que no siempre van a favor de nuestros intereses.

El cerebro dice: «Sigue el mapa que te dieron, ¡es una apuesta segura!».

El corazón dice: «¡Toma esta ruta! ¡Todavía no lo sabes, pero te llevará a una vida nueva y más plena!».

Esto no significa que debamos desechar los mensajes que vienen de nuestro cerebro. Nuestro cerebro es un maestro en la síntesis de información, información que se convierte en los libros que leemos y que cambian nuestras vidas, o palabras que escuchamos de nuestros seres queridos y que nos mantienen en marcha. Nuestro cerebro ayuda a crear el orden cuando nuestras emociones amenazan con alejarnos, y nos da las construcciones que usamos para navegar por el mundo de una manera segura.

Por esto, te invito a que sigas a tu corazón. Confío en que el libro te ayude a ello, de lo contrario, pon de tu parte para que así sea. Mediante técnicas como la meditación, para silenciar la mente y tus pensamientos, podrás centrarte en tu voz interior y ser guiado por tu corazón. En el libro hablamos de la meditación en un capítulo, e incluimos un ejercicio para practicarla. Ahora no te desesperes por querer hacerlo todo ya, recopila toda la información y después pon en práctica todo lo aprendido.

Uno de los libros que más me impactó, cuando era aún un joven inconsciente, fue *¿Quién se ha llevado mi queso?*, un libro de Spencer Johnson que, con ayuda de una fábula, te explica cuál es la forma de afrontar un cambio en tu vida.

La historia narra el día a día de dos ratones, Fisgón y Escurridizo, y dos liliputienses, Kif y Kof.

Los cuatro protagonistas pasan sus días corriendo por los pasillos de un laberinto en busca de queso, alimento del que dependen para nutrirse y ser felices. En un momento determinado, encuentran una habitación repleta de queso, por lo que deciden acudir a ella diariamente y alimentarse allí. Pero, un día, el queso se acabó.

¿Qué hacen los cuatro personajes cuando esto sucede?

Mientras Fisgón y Escurridizo no dudan ni un segundo y salen a la búsqueda de más queso en cualquier otro rincón, Kif y Kof se bloquean y niegan lo evidente, deseando que un día vuelva a aparecer en aquel mismo lugar, algo que nunca sucederá y que acaba frustrando a los liliputienses.

Tras una larga etapa de frustración, acaban comprendiendo que deben cambiar de actitud y salir a buscarlo a otro lugar. Finalmente, lo hallan en otra habitación, en la que se encuentran con Fisgón y Escurririzo, que, como era de esperar, ya llevan tiempo allí, tranquilos y felices comiendo su queso.

El *laberinto* de la narración representa aquí el tiempo que cada uno dedica a buscar lo que desea, es decir, el *queso*. Puede ser un puesto de trabajo, una relación, dinero, libertad o reconocimiento. En el caso de este libro, me gustaría enfocarlo a tu salud, pero, para conseguirlo, hay que ir a por ello.

En un momento de cambio, hay que actuar. Sé que muchas veces estamos bloqueados, yo he estado muchos años viendo la vida pasar, en *shock*. Cada persona es un mundo, reaccionamos de distinta forma ante la vida, por eso me gustaría que, gracias a este libro, te lleves una buena sacudida y logre con estas palabras ese cambio de chip en tu mente que haga que vayas a por lo que quieres, que no es más que ser feliz y disfrutar de la vida eliminando la depresión de tu día a día.

«La vida no es ningún pasillo recto y fácil que recorremos sin obstáculos, sino un laberinto de pasadizos en el que tenemos que buscar nuestro camino, perdidos y confusos, detenidos, de vez en cuando, por un callejón sin salida. Pero, si tenemos fe, siempre se abre una puerta ante nosotros; quizá no sea la que imaginamos, pero sí será, finalmente, la que demuestre ser buena para nosotros».

A. J. Cronin

Test depresión: Escala de Hamilton

La prueba tiene 17 cuestiones, en cada una de ellas tendrás que escoger la respuesta que más explica tu situación.

Como verás, cada respuesta tiene un número. Una vez que hayas escogido la respuesta que mejor te define, anota el número de esa respuesta y al final suma los 17 números correspondientes a las 17 respuestas que has escogido, para comprobar el resultado final del test.

Te animo a que hagas este test, por curiosidad.

CUESTIONES

A) Humor deprimido, tristeza (melancolía), desesperanza, desamparo, inutilidad:

0 - Ausente.

1 - Estas sensaciones las expresa solamente si le preguntan cómo se siente.

2 - Estas sensaciones las relata espontáneamente.

3 - Sensaciones no comunicadas verbalmente (expresión facial, postura, voz, tendencia al llanto).

4 - Manifiesta estas sensaciones en su comunicación verbal y no verbal en forma espontánea.

B) Sentimientos de culpa:

0 - Ausente.

1 - Se culpa a sí mismo, cree haber decepcionado a la gente.

2 - Tiene ideas de culpabilidad o medita sobre errores pasados o malas acciones.

3 - Siente que la enfermedad actual es un castigo.

4 - Oye voces acusatorias o de denuncia y/o experimenta alucinaciones visuales de amenaza.

C) Suicidio:

0 - Ausente.

1 - Le parece que la vida no vale la pena ser vivida.

2 - Desearía estar muerto o tiene pensamientos sobre la posibilidad de morirse.

3 - Ideas de suicidio o amenazas.

4 - Intentos de suicidio (cualquier intento serio).

D) Insomnio precoz:

0 - No tiene dificultad.

1 - Dificultad ocasional para dormir, por ejemplo, tarda más de media hora en conciliar el sueño.

2 - Dificultad para dormir cada noche.

E) Insomnio intermedio:

0 - No hay dificultad.

1 - Está desvelado e inquieto o se despierta varias veces durante la noche.

2 - Está despierto durante la noche, cualquier ocasión de levantarse de la cama se clasifica en 2 (excepto por motivos de evacuar).

F) Insomnio tardío:

0 - No hay dificultad.

1 - Se despierta a primeras horas de la madrugada, pero se vuelve a dormir.

2 - No puede volver a dormirse si se levanta de la cama.

G) Trabajo y actividades:

0 - No hay dificultad.

1 - Ideas y sentimientos de incapacidad, fatiga o debilidad (trabajos, pasatiempos).

2 - Pérdida de interés en su actividad (disminución de la atención, indecisión y vacilación).

3 - Disminución del tiempo actual dedicado a actividades o disminución de la productividad.

4 - Dejó de trabajar por la presente enfermedad. Solo se compromete en las pequeñas tareas, o no puede realizar estas sin ayuda.

H) Inhibición psicomotora (lentitud de pensamiento y palabra, facultad deconcentración disminuida, disminución de la actividad motora):

0 - Palabra y pensamiento normales.

1 - Ligero retraso en el habla.

2 - Evidente retraso en el habla.

3 - Dificultad para expresarse.

4 - Incapacidad para expresarse.

I) Agitación psicomotora:

0 - Ninguna.

1 - Juega con sus dedos.

2 - Juega con sus manos, cabello, etcétera.

3 - No puede quedarse quieto ni permanecer sentado.

4 - Retuerce las manos, se muerde las uñas, se tira de los cabellos, se muerde los labios.

J) Ansiedad psíquica:

0 - No hay dificultad.

1 - Tensión subjetiva e irritabilidad.

2 - Preocupación por pequeñas cosas.

3 - Actitud aprensiva en la expresión o en el habla.

4 - Expresa sus temores sin que le pregunten.

K) Ansiedad somática (signos físicos concomitantes de ansiedad. Gastrointestinales: sequedad de boca, diarrea, eructos, etcétera. Cardiovasculares: palpitaciones, cefaleas. Respiratorios: hiperventilación, suspiros. Frecuencia de micción incrementada. Transpiración):

0 - Ausente.

1 - Ligera.

2 - Moderada.

3 - Severa.

4 - Incapacitante.

L) Síntomas somáticos gastrointestinales:

0 - Ninguno.

1 - Pérdida del apetito pero come sin necesidad de que lo estimulen. Sensación de pesadez en el abdomen.

2 - Dificultad para comer si no se le insiste. Solicita laxantes o medicación intestinal para sus síntomas gastrointestinales.

M) Síntomas somáticos generales:

0 - Ninguno

1 - Pesadez en las extremidades, espalda o cabeza. Dorsalgias. Cefaleas, algias musculares.

2 - Pérdida de energía y fatiga. Cualquier síntoma bien definido se clasifica en 2.

N) Síntomas genitales (tales como disminución de la libido y trastornos menstruales):

0 - Ausente.

1 - Débil.

2 - Grave.

O) Hipocondría:

0 - Ausente.

1 - Preocupado de sí mismo (corporalmente).

2 - Preocupado por su salud.

3 - Se lamenta constantemente, solicita ayuda.

P) Pérdida de peso:

0 - Pérdida de peso inferior a 500 g en una semana.

1 - Pérdida de más de 500 g en una semana.

2 - Pérdida de más de 1 kg en una semana.

Q) Introspección, perspicacia:

0 - Se da cuenta de que está deprimido y enfermo.

1 - Se da cuenta de su enfermedad, pero atribuye la causa a la mala alimentación, clima, exceso de trabajo, virus, necesidad de descanso, etcétera.

2 - No se da cuenta de que está enfermo.

Ahora que ya tienes la suma de los números de las 17 cuestiones del test, es hora de ver tu puntuación. Esta es la escala que tienen para medir el nivel o gravedad de tu depresión, según el número que tienes después de la suma:

Entre 0 y 7: ausencia de depresión.

Entre 8 y 12: depresión ligera.

Entre 13 y 17: depresión moderada.

Entre 18 y 29: depresión severa.

Entre 30 y 52: depresión muy severa.

Después de hacer el test, me imagino que tendrás una mezcla de sensaciones. Por un lado, estarás preocupado porque la puntuación ha sido alta, no lo sé, pero, por otro, como me pasaba a mí, tienes una sensación de que una pieza del puzle ha encajado, y eso no es sino haberte dado cuenta de que sí, estás mal.

Este es un primer paso. Hemos hecho un test que, a través de unas preguntas sobre tu estado emocional, psíquico y físico, nos ha dado un resultado que indica tu situación emocional actual.

A partir de ahí, en mi caso me recetaron pastillas, concretamente tres al día, un antidepresivo y dos ansiolíticos. Es probable que tú también las estés tomando, porque es lo habitual que hacen los médicos. Esto forma parte de su trabajo y actúan bien, ya que hacen lo que estudiaron, ni más ni menos, pero eso no quiere decir que sea lo más correcto para lograr superar una depresión.

Pastillas y pastillas que no te llevarán a nada, o por lo menos a mí no me llevaron a nada. Yo seguía igual o peor, y me pareció que, tras siete años, ya les había dado suficiente tiempo para demostrarme que podían ser efectivas.

En ese momento, cuando vi que lo tradicional, lo que se supone que hay que hacer, el camino que se debe recorrer en estos casos, falla, es cuando decidí que esto no podía seguir así.

Comencé a buscar alternativas, a llamar a puertas a las que quizás no había llamado por miedo o por desconocimiento, pero todo esto te lo iré contando según avance el libro.

Tú ya has empezado este nuevo camino, este libro es la señal.

Espero y confío en que, en breve, todo esto que ahora mismo estás viviendo desaparezca como una pesadilla.

No leas por leer, ni por saber cómo lo logré yo, y al cabo de unos días dejes el libro en un rincón sin hacer nada.

Si no haces nada, el resultado, lo más seguro, es que sea el mismo. Si buscas un cambio, haz algo distinto.

Aquí vamos a hablar de muchas cosas interesantes que estoy seguro de que van a ser motivo de ilusión para ti, pero tienes que trabajar, tienes que hacer algo por ti. Tienes que picar esa piedra llamada depresión, poco a poco la romperás, pero siempre siendo consciente de que estás haciendo algo para lograrlo.

Ver que hay salida tiene que ser tu punto de partida, así que te animo a que cojas fuerzas de donde las tengas y luches por ti, luches por conseguir ser feliz, porque te lo mereces, porque quieres y debes serlo.

Si logras confiar desde ahora mismo en que este libro te va a ayudar, ya has recorrido gran parte del camino. Aunque pienses que aún no has hecho nada, si estás en este punto ahora mismo es porque algo dentro de ti te ha dado fuerza para buscar una respuesta. Por lo tanto, si logras confiar en este libro, en mí, en los ejercicios que te mandaré hacer y, sobre todo, en ti, estoy seguro de que llegaras a ese punto emocional en el que logres disfrutar de la vida como quieres, con paz, tranquilidad, alegría y amor.

¡Confía en ti!

No sé cuál crees que ha sido tu problema o tu circunstancia para estar así, pero, sea cual sea, quiero que sepas que desde hoy empieza una nueva etapa en la que, si tú lo aceptas, van a cambiar muchas cosas. Todo depende de ti.

Cada uno tenemos un motivo distinto que nos ha hecho caer en este pozo llamado depresión, pero la salida es un camino que solo tú puedes recorrer. Yo te guiaré si tú así lo decides.

Estoy seguro de que has pasado por muchos médicos y has tomado medicinas, es decir, que estás luchando para curarte o, por lo menos, estás buscando soluciones. Ese es el primer paso. Me alegro por ello, puesto que te será más fácil entender y poner en práctica los ejercicios que, a lo largo de este libro, te iré explicando.

Mi intención es aportar mi experiencia vivida, una luz de esperanza a todas las personas que se sientan deprimidas y angustiadas, que buscan, como yo en su día, a gente que le haya pasado lo mismo y qué han hecho para superarlo.

«La razón por la que leer es tan importante: hay un montón de personas que vivieron antes de nosotros; no hay un problema nuevo que puedas tener que no lo haya tenido alguien y haya escrito sobre él».

Will Smith

Mi historia

Brevemente, te cuento mi historia. Cuando yo tenía diecisiete años recién cumplidos, mi vida se deshizo completamente.

Una tarde, mientras yo estaba en mi casa con un amigo charlando de nuestras cosas, mi padre había decidido quitarse la vida tras una larga depresión que no logró superar. Esta noticia hizo que yo, con el paso de los meses, comenzara a encontrarme muy mal. Padecía ansiedad, dormía mal, tenía miedo y no me apetecía salir de casa. No sabía lo que me estaba pasando, era algo muy extraño, mi cuerpo y mi mente no estaban bien, no disfrutaba de nada, solo quería dormir y estar en cama.

Después de perder a mi padre, toda mi vida se empezó a desmoronar ante mis ojos sin saber cómo poder frenar todo lo que me estaba pasando.

Esta fue la peor etapa de mi vida. Mi madre me apoyó en todo momento, doy gracias por ello, ha sido un ángel para mí. Soy consciente de que quizás en muchas ocasiones no la traté todo lo bien que debía haberlo hecho, quizás por toda la ira, odio o tristeza interna que había acumulado, y, aun así, ella siempre estuvo ahí. Cada noche que me encontraba mal, ella estaba ahí, sentada en un lado de la cama, agarrándome la mano mientras yo sufría un ataque de ansiedad y no podía dormir. Gracias.

Estuve más de siete años esperando a que todo esto pasara, tomando pastillas y visitando a mi psicóloga. Cada día era un infierno del que no veía la salida, muchas veces tenía miedo de que llegara a ser capaz de hacer lo que hizo mi padre. Yo no quería eso, yo quería curarme para poder disfrutar de la vida, reírme, ver el sol, la playa, pasear con mi pareja, disfrutar de mis amigos.

Solía tener ataques de ansiedad, y para mí eso era el fin del mundo. Me empezaba a temblar el pulso, tenía sensación de mareo y se me nublaba la vista; pronto se me aceleraba el ritmo cardíaco e, incluso, llegaba a tener taquicardias y dolor de pecho. Iba a urgencias pensando que me estaba muriendo y solo decían que estaba *somatizando,* que todo estaba bien, pero ¡cómo iba a estar todo bien si yo estaba que me moría! Algo no me cuadraba.

Cada día era un infierno, desde que me levantaba. A decir verdad, incluso cuando dormía, lo pasaba mal. No tenía ganas de nada, ni de salir ni de comer. Estaba fuera de control, desesperado, con angustia, tenía pesadillas, miedo a volverme loco o a perder el control, pensamientos de suicidio, visión distorsionada, escuchaba ruidos y pitidos en el oído, dolor en los ojos, escalofríos, dolor en la cara y la cabeza, como si llevara un casco de moto puesto.

Estos eran algunos de los síntomas que tenía, digo *eran* porque ahora mismo ninguno de ellos forman parte de mi vida cotidiana, gracias a Dios.

Nada me ilusionaba. Iba a médicos en busca de una respuesta, de una solución. Por muy mala que fuera la respuesta, lo único que quería era saber el problema y atacarlo. Pero en cada consulta, con diferentes médicos, siempre encontraba la misma respuesta: todo está bien, o son nervios, depresión y ansiedad.

¡Toma pastillas!

Algo no me cuadraba.

Los psicólogos y los médicos no podían explicar todo lo que me estaba pasando y por qué estaba así. No podían decirme el porqué de mi enfermedad. Naturalmente, pueden entender lo que sientes, porque se lo estás explicando, ellos te dan los tratamientos y consuelo con palabras tranquilizadoras, que ya es bastante, pero no suficiente.

Tenía épocas mejores y peores, pero no podía entender que a mi edad, tan temprana, tomara tres pastillas diarias (ansiolíticos y antidepresivos), y que siempre tuviese problemas físicos, como gripes o gastroenteritis. Cuando tu mente está mal, no dudes de que todo lo malo que crees que te va a pasar, te va a pasar.

Te puedo decir que, desde que me curé, no recuerdo haber tenido una gripe, ni gastroenteritis ni ansiedad, y antes, cada mes, tenía algo.

Dejé de tomar mis tres pastillas diarias, y eso que anteriormente había intentado dejar de tomar las pastillas, pero al final siempre volvía a tomarlas porque, entre otras cosas, no solo mi cuerpo estaba habituado a ellas y tenía efectos secundarios, lo cual era desagradable, sino que mi mente estaba habituada a ellas.

Cada día disfruto de lo que hago. Disfruto viendo el sol, paseando, leyendo un libro o, simplemente, estando en casa.

Tengo amigos y familiares que se han sorprendido con mi cambio, porque después de unos siete años de enfermedad, de idas y venidas a diferentes médicos, ahora soy otro. Bueno, soy el mismo, pero sin enfermedad.

A lo largo de este libro, verás partes de mi diario que escribía durante esa época y comprobarás los sentimientos y palabras que tenía en mi mente, encontrarás explicaciones sobre las sensaciones y pensamientos que he tenido a lo largo de la enfermedad.

Cuando buscaba información y leía libros relacionados con depresiones o ansiedades, en la mayoría de ellos sobraban la mitad de las hojas. Leía y leía y solo encontraba lo mismo: algún que otro consejo, pero nunca desde un punto de vista de un exdepresivo, siempre desde un punto de vista médico.

En este libro vas a ver, seguramente, muchas frases, palabras, sentimientos y sensaciones muy conocidas por ti. Lo que no vas a ver es información de tipos de depresión, causas ni términos médicos, puesto que te voy a contar con mis palabras todo lo que he vivido, y los ejercicios y terapias que he usado para superar la depresión y la ansiedad.

Como podrás adivinar, no voy a escribir de más, no voy a escribir por escribir, ni rellenar páginas simplemente por el hecho de que veas mucho texto y pienses que va a tener más información. Sobre todo, te voy a contar lo justo, directo al grano, sin rodeos.

Voy a compartir contigo todos los caminos, consejos y ejercicios que he aprendido para que puedas ser feliz y superar tu depresión y tu ansiedad. Procura estar lo más receptivo que puedas a todo lo que te diré en cada capítulo, y si es necesario lee más de una vez los ejercicios para que logres entenderlos bien, porque de eso dependerá su efectividad.

La vida te ha dado una oportunidad para cambiar tu destino, en su día me la dio a mí y doy gracias de corazón por ello. Yo estoy muy contento de poder guiarte en este momento, es un orgullo para mí haber escrito este libro y poder compartir mi experiencia contigo, y que, gracias a ello, por fin logres deshacerte de tu depresión.

Si aceptas esta oportunidad, estoy seguro de que tendrás recompensa.

Así que toma todo lo que se dice en este libro y ¡compruébalo!

Este libro es un comienzo de algo nuevo, no es un final.

HOY EMPIEZAS UNA NUEVA ETAPA EN TU VIDA.

AGRADECIMIENTOS

Estoy muy agradecido y doy las gracias de todo corazón a todas las personas que se han cruzado en mi vida, puesto que ellas han sido las que me han llevado hasta aquí. Con sus comentarios, consejos y ayudas, he descubierto todo lo que sé y soy todo lo que soy.

Quiero agradecer y expresar mi gratitud a:

Mi madre: por quererme y aguantarme cuando he sido inaguantable, y cuyo amor y apoyo no tiene límites. Gracias por todo y perdón por esos días tan malos que te he hecho pasar. Sé que ahora eres feliz porque me ves bien, así que todo el esfuerzo ha valido la pena. Te quiero.

Luis y Antonina: muchas gracias por vuestro apoyo, disponibilidad generosa y ayuda.

A la memoria de mi padre, José: estoy seguro de que este libro no solo lo he escrito yo. Desde donde estés, tú me has dado fuerza, apoyo e inspiración. Me siento orgulloso de lo que hemos hecho. Te quiero, papá.

A Cándido, Enrique, Pepe Cabot, Rocío, Salva, Saúl, María José, Rosa, Elvira, Toño, Maite, Mercedes, Damián y muchas más personas, por ayudarme con vuestras terapias a llegar donde he llegado.

Por último, a todos mis amigos, parejas y resto de familia, con quienes disfruto y paso buenos momentos. Soy muy feliz compartiendo mi tiempo con todos vosotros.

INTRODUCCIÓN

Stop Depresión es un libro escrito desde el corazón, desde mi más sincero cariño a todas las personas que están sufriendo esta enfermedad.

Y ahora te hablo a ti, que lo estás leyendo. Me gustaría poder tocar un botón y hacer que todo ese terror que vives desapareciera por arte de magia, pero de momento ni yo ni nadie ha inventado nada que sea tan rápido, así que solo espero que seas capaz de sacar de dentro de ti esa confianza que necesitas para llegar donde quieres llegar, y que con este libro consigas la información que necesitas para dar un gran paso hacia esa vida que quieres.

Este libro es muy sencillo de leer, he intentado resumir todo lo que he podido toda la información que tenía y usar palabras y un lenguaje cercano y fácil, para que su lectura se haga fluida y comprensible.

No te desesperes por leerlo rápidamente, tienes que poner en práctica todo lo que aquí vas a aprender. Párate con cada ejercicio que te propongo, entiéndelo bien antes de hacerlo, es la única manera de que sea efectivo.

Lo que cuenta no es lo que uno sabe, sino lo que hace con lo que sabe.

Leer es una cosa, pero implicarse en la lectura es otra. ¿Qué vas a hacer?

Con leer todo el libro, conocer mi historia y quedarte de brazos cruzados, no conseguirás nada.

Léelo despacio y procura hacer todos los ejercicios que te comento, es la única forma que tienes de averiguar si funcionan o no. Yo sé que sí porque a mí me han servido para llegar donde he llegado.

Piensa que si este libro ha llegado a tus manos es porque estaba destinado a ser así, quizás como respuesta a tantas preguntas que te estás haciendo, quizás porque estás listo para un cambio. Sea como sea, el comienzo de algo parte de tener una voluntad de hacer algo, y cuando esto sucede, la confianza debe ser la base de tus actos, el deseo de hacer algo hará que estés listo.

Aunque no creas que aplicar el libro pueda serte útil, pruébalo. No tienes nada que perder y mucho que ganar.

Es posible que algunas ideas o ejercicios de este libro te resulten difíciles de entender o creer, pero te pido simplemente que las apliques. No las juzgues, solo úsalas, es la única forma que tendrás de encontrarles sentido, viendo el resultado que tienen en ti lograrán demostrarte que son efectivas.

No te pido que creas en ellas, tan solo aplícalas.

CAPÍTULO I

DIARIO 1

Sábado

Me levanté sin ganas de nada, solo me quería tirar en cama y dormir. Al final fui a la playa, pero no tengo ganas de hablar. Cuando estoy con gente estoy callado, no me apetece relacionarme con nadie.

Domingo

Hoy estuve en el camping de la playa, no hizo buen día, fui a dar un paseo y parece que me despejé un poco. Pero sigo sin ser el mismo. No me hacen gracia las cosas que hago, ni tengo ilusión por nada. Estoy muy cansado, desorientado, vivo como en una película, como si me estuviese viendo vivir desde fuera a mí mismo.

Lunes

Más o menos realizo las tareas diarias (trabajar, comer) sin muchas vueltas de cabeza, pero si no tengo nada que hacer ya me da algo el apalanque. De todas formas tengo una sensación como de vacío, nada de lo que hago me llena, simplemente lo hago, no disfruto, sobrevivo. No tengo tantos pensamientos negativos, pero aun así mi mente no me deja pensar con claridad.

Martes

Poco a poco parece que voy encontrándome mejor, parece que las piezas del puzle se van encajando y eso hace que mi estabilidad mental se vaya poniendo cada vez mejor, no le doy tantas vueltas a la cabeza. Hago mi vida diaria sin pensar en si estoy bien, si estoy mal, que si esto que si lo otro. Poco a poco la sensación esta «rara» se irá.

Miércoles

Hoy me he encontrado mejor. A ratos algo intranquilo sin ninguna razón, como en estado de alerta por algo o por que fuera a pasar algo. Cuando me levanto por las mañanas me apetece que sea de noche para volver a acostarme y descansar. Parece que me cuesta hacer cosas.

Jueves

Sensación de cansancio, de a veces no saber muy bien cuál es mi cometido en el día a día. Te llegas a plantear cuál es el sentido de tu existencia, quizá aburrido o agotado por la rutina. Sensación de vivir acelerado. Creo e imagino que poco a poco iré estando mejor.

Viernes

Mañana tengo una boda. Me gusta el trabajo de DJ (disc-jockey) y poner música en fiestas, pero ahora mismo no me apetece nada ir. Por las noches solo me apetece dormir. Debe ser por las ganas de que pase el tiempo más rápido sin estar despierto y a ver si me pongo bien de una vez. Tengo a veces una sensación de nerviosismo, como con ganas de cerrar los ojos y dormir hasta que pase.

Sábado

Me he levantado bastante mal, muy nervioso y con bastante angustia. A veces tengo sensación de miedo a volverme loco o a no poder aguantar esos momentos de angustia como hoy en la mañana. Luego fui a la boda más o menos normal. Me distraje. Pero tengo la cabeza confusa.

REFLEXIÓN 1

Como puedes observar a través de mi diario, tenía cambios muy bruscos, un día me encontraba bien y otro mal.

Lo que caracteriza a la depresión es ese estado de no saber lo que realmente te pasa. Si te rompes un brazo, sabes que te duele porque te has roto un brazo, pero cuando sufres los síntomas de la depresión no sabes cómo explicar lo que sientes, porque no parece real lo que estás viviendo, es como si estuvieras sufriendo y sintiendo en tu cuerpo algo que no es tuyo. Sensaciones negativas que lo único que hacen es impedir que puedas realizar tus tareas del día a día con normalidad.

Otra circunstancia que me pasaba, era que solo tenía ganas de dormir. Más que de dormir, de tener esa sensación de no estar despierto para no tener que sufrir esas terribles sensaciones tan negativas y que no podía controlar.

Por eso, cuando estaba dormido era cuando más relajado me encontraba, y esos minutos después de levantarme eran como despertar de una pesadilla y sentir que ya había pasado, pero, lamentablemente, al volver a la vida real y darme de cuenta de que esas sensaciones estaban ahí de nuevo, ¡la pesadilla volvía! No sabía qué hacer, a dónde ir ni qué decir, solo aguantar y confiar en que algún día eso desapareciera.

Ahora mismo, es probable que tú tengas pensamientos negativos, pensamientos que están fuera de tu alcance y tu control, y dejar que tu cerebro trabaje con esos pensamientos es un error. Sé que es muy difícil, pero, cuanto más te focalices, cuanto más te centres en ellos, más vas a somatizas los síntomas, quizás con ataques de ansiedad.

Tienes que intentar distraerte de esas sensaciones y esos pensamientos. Intenta evadirte de ellos, sal a pasear, fuérzate a hacer cosas para sacar la mente de esos pensamientos.

A lo largo del libro, verás ejercicios para poder controlar o incluso eliminar estos pensamientos negativos, así que tranquilo, que aún queda mucho por descubrir.

Otra de las cosas que hacía, y que ahora me doy cuenta de que era muy negativo para mí, era pensar siempre en el pasado y en el futuro, pero nunca en el presente. Si te paras un instante y piensas: ¿a dónde voy?, seguramente una voz interior te dirá: «¡Vas demasiado rápido y no saboreas tu paso!», o «¡Así soy incapaz de disfrutar con nada!».

Sé que hay momentos en los que tu día a día, es decir tu presente, es difícil, y ni por asomo quieres vivir eso. Pero no te hablo de disfrutar el día a día. Te hablo de vivir, de sentir, sea bueno o malo, intenta hacer tu vida normal y que esa sensación no pueda contigo. Yo nunca sentía el presente, nunca me centraba en mis sensaciones del momento, porque siempre estaba dándole vueltas al pasado: ¿por qué estoy así?, ¿qué he hecho para merecer esto?, ¿cuál será el motivo?, y, por supuesto, en el futuro: ¿cómo estaré mañana?, ¿nunca volveré a ser el de antes?

Tienes que abandonar tus problemas del pasado y del futuro. ¿Recuerdas esa sensación cuando estabas de vacaciones? Esa sensación de no preocuparte por el tiempo, solo disfrutar el momento, en el presente, sin mirar el reloj. Sin importar nada más que tú y el ahora.

Al final, lograrás controlar tu mente para que, cuando veas que se escapa, consigas traerla al ahora, al presente. De esta forma, conseguirás experimentar completamente tus sensaciones, sean positivas o negativas, pero verás que no son más que eso, sensaciones que, cuando se acaben, las entenderás y verás que no son para nada peligrosas ni dañinas. Así, cuando vuelvan, sabrás cómo tendrás que actuar para que pase lo más rápido posible.

Actualmente, existes técnicas como el *mindfulness* que, en palabras que entendamos, sería como la atención consciente, la cualidad de la mente de estar en el presente, desconectarte de ese piloto automático que parece que es el encargado de dirigir nuestro hacer cotidiano sin ser conscientes realmente del porqué y el para qué hacemos muchas de las cosas que hacemos y pensamos.

Es muy probable que actualmente tengas pensamientos parecidos a: «¿Qué pasaría si…?», «¿Y si…?». Esto nos mantiene con miedos, preocupaciones y ansiedad al pensar en el futuro.

Incluso, me atrevería a decir que también piensas demasiado en el pasado, buscando explicaciones de por qué te pasa esto, y nostalgia de esos momentos vividos en el pasado en el que estabas bien. Estos pensamientos no solo son de nostalgia, pueden ser de culpa por algún acontecimiento, rencor, tristeza por la muerte de algún familiar, etcétera.

Con el *mindfulness,* lo que se pretende es estar en *el presente,* realizándote preguntas como: ¿qué hay aquí y ahora? Con esto consigues estar en el presente, tu mente se focalizará en estar consciente.

Pero no solo se trata de hacer esto. Lo más importante es la respiración. Por naturaleza, respiras sin pensar en ello, pero si pones atención sobre ella, tu mente se centrará en eso y la mantendrás durante esos instantes en el presente.

Sería interesante que te adentraras en esta técnica o alguna relacionada con la meditación, yoga o similar.

En el libro, hay un ejercicio de meditación en el que te doy unas pautas básicas para meditar. Pero solo es un punto de partida, ahora tienes una información, solo depende de ti qué hacer con ella, puedes dejarla de lado o puedes buscar más datos acerca de la técnica de *mindfulness.* Hoy en día hay muchos cursos, videos gratis en internet, yo me podía extender más, pero, como te he dicho, voy a ir al grano en los temas que creo que son importantes y no pararme a darte información extensa de algo que sé que tú puedes buscar.

EJERCICIO 1

Alimentación

Cualquier alimento que consumimos afecta positiva o negativamente a nuestro organismo. En ese sentido, nuestra dieta influye directamente en nuestra salud y bienestar.

Si lo que consumimos es perjudicial, ello se traducirá en enfermedades. En otras palabras, nuestra salud depende en gran parte de lo que comemos, con ello me refiero no solo a nuestra salud física, sino también a nuestra salud mental y emocional.

Existen alimentos perjudiciales para nuestro organismo y no se trata solamente de lo que conocemos como *comida rápida*. Otros alimentos de consumo más común perjudican nuestro bienestar.

Por ejemplo, una enorme cantidad de alimentos que consumimos con regularidad contienen gluten, entre ellos, el pan tradicional y sus derivados, que son uno de los alimentos de mayor consumo alrededor del mundo.

De hecho, solemos acompañar cualquiera de nuestras comidas de este alimento sin siquiera ser conscientes del daño que podríamos estarle causando a nuestro organismo, porque nuestro cuerpo no está adaptado a consumir este alimento a diario.

Con la revolución industrial, apareció el azúcar, la bollería, las grasas trans y, poco antes, los lácteos y los cereales.

Imagínate cómo le sientan a nuestros cuerpos unos productos que aparecen hace poco y los introducimos en nuestras dietas como algo prioritario.

Nuestro cuerpo está acostumbrado, desde hace dos millones de años (la era Paleolítica), a cazar, comer fruta, grasas animales de pescado y carne y raíces.

Para que entiendas a nivel temporal lo que estoy tratando de decirte, es como si el 99 % del tiempo de la existencia humana comiéramos lo mismo y, de repente, cambiáramos por completo la alimentación, animados por la industria alimentaria, intereses económicos y falsos estudios de creencias sobre la alimentación que muchas personas nos creemos por el simple hecho de salir en los medios de comunicación.

Recientemente, se ha relacionado el consumo frecuente del gluten con una variedad de enfermedades. Pero ¿qué es el gluten?

El gluten es un conjunto de proteínas presentes exclusivamente en la harina de los cereales de secano, especialmente en el trigo, la cebada, la avena, el centeno o cualquiera de sus variedades.

Existen personas que no toleran el gluten en sus alimentos porque sufren la llamada enfermedad celíaca, y se ven obligados a evitar su consumo.

No obstante, hoy en día muchos otros eliminan el gluten de su dieta sin sufrir la enfermedad celíaca. Diversos estudiosos aseguran que existe una relación directa entre el consumo de gluten, los problemas intestinales, la depresión, la ansiedad y las enfermedades mentales en general.

¿Por qué el gluten puede ser perjudicial para nuestro organismo?

La relación entre el gluten y la depresión está directamente relacionada con los problemas en el intestino causados por este (inflamación), ya que el consumo de gluten puede alterar los niveles de serotonina en el organismo, siendo la serotonina un neurotransmisor relacionado con la felicidad y el bienestar.

Las células que recubren la pared intestinal secretan grandes cantidades de serotonina. El consumo de gluten puede inflamar el intestino, alterar los niveles de serotonina y afectar al organismo y al sistema nervioso en general, produciendo alteraciones mentales como la depresión.

Llegó a mí un libro que se titulaba *Cerebro de pan,* en el que un famoso neurólogo, David Perlmmutter, hablaba de la relación que tenía el gluten, el azúcar y los carbohidratos con la ansiedad, la depresión y muchas otras dolencias. Dentro de mi afán investigador, y para mejorar mi estado, lo leí en un día, quedando asombrado con los estudios que exponía y los casos de pacientes que iban a su consulta y que mejoraban considerablemente con apenas unos cambios en su manera de comer.

Aquí no me voy a extender en mostrarte todos estos estudios, ya sabes que me gusta ir al grano, si quieres puedes investigar por tu cuenta, leyendo este libro que te cito o, mejor aún, haz lo que te propongo y así tú serás la mejor prueba de estos estudios. En mi caso, pasados quince días desde que comencé a hacer lo que se proponía en el libro, noté una gran mejoría.

Pero ya sabes que vamos a trabajar más cosas, no solo la parte física, sino la mental y la espiritual, todo va a sumar en tu proceso de cambio. Te animo a que implementes en tu rutina diaria todos y cada uno de los ejercicios que en este libro te explico, de lo contrario, siempre estarás débil en algún aspecto.

¡Vamos allá!, comencemos con la explicación.

Cada vez hay más investigaciones que confirman la relación entre comer gluten y la disfunción neurológica, incluso en personas que no tienen problemas para digerirlo y cuyos resultados de las pruebas de anticuerpos antigluten son negativos. Esto puede provocarte cefaleas, insomnio, ansiedad, depresión o temblores.

Las personas con celiaquía tienen un mayor riesgo de desarrollar depresión y ansiedad. Esto se debe, sobre todo, a las citocinas que bloquean la producción de neurotransmisores cruciales como la serotonina, que es esencial para la regulación anímica.

El primer paso es retirar el gluten, y de paso te aconsejo que también retires de tu dieta los lácteos, uno de los problemas que tiene el consumo masivo de leche tiene que ver con que la leche contiene lactosa. Para digerirla, se requiere de una enzima llamada lactasa. Todos los mamíferos producimos lactasa en la infancia, pero después dejamos de hacerlo y se va perdiendo la capacidad de digerir la lactosa (el azúcar natural de la leche), lo que provoca, entre otras cosas, grandes indigestiones, incluso hay investigaciones que relacionan la leche con el cáncer de próstata y de ovario. Además, también puede favorecer la aparición de enfermedades como alergias, asma, obesidad, diabetes, anemia y alteración del sistema nervioso, provocando falta de concentración, alteración del sueño, ansiedad, etcétera.

Las personas que tienen un intestino permeable pueden sufrir de acidez, ardor, gases, hinchazón, diarrea y otras reacciones (algunas de las cuales reaccionan en conjunto con el gluten) cuando toman leche.

Como se suele decir: la leche de vaca es el alimento perfecto, pero solo si eres un becerro. La naturaleza es sabia.

Después de eliminar la leche y el gluten intentaremos reconstruir las bacterias saludables de tu intestino. Cuando tenemos el recubrimiento del intestino dañado como consecuencia de haber ingerido gluten, el cuerpo no absorbe los nutrientes esenciales de los alimentos, muchos de los cuales están implicados en la salud del cerebro, como el zinc, el triptófano y el complejo B. Además de que estos elementos son necesarios para la producción de sustancias neurológicas como la serotonina, su carencia hace que tu sistema nervioso se altere, provocándote síntomas que tu médico puede diagnosticar como depresión o ansiedad (y muchas otras cosas, pero aquí me estoy centrando en el título del libro, me interesa explicar cómo esto afecta a tu depresión).

Cada vez salen a la luz más estudios e investigaciones acerca de cómo la flora intestinal influye en la mente. No solo ayuda a digerir y absorber alimentos, sino que juega un papel importante en nuestras emociones. Todo ello depende de los microbios que habitan en tu intestino, entre ellos, bacterias, virus, hongos, etcétera.

Cualquiera que haya pasado por una situación estresante es consciente del impacto que los nervios pueden tener en el sistema gastrointestinal, un indicio claro de esa conexión.

La serotonina, conocida como la hormona de la felicidad y relacionada con trastornos depresivos, proviene casi en su totalidad del intestino, de ahí la importancia de la flora intestinal en nuestra salud.

Una manera fácil y rápida de revertir la situación sería tomar un suplemento de probióticos y prebióticos que contengan una variedad de distintas cepas (al menos diez), entre ellas, *Lactobacillus acidophilus* y bifidobacteria. Uno de los que suelo recomendar a día de hoy es Vitanatur Simbiotics G, si no lo encuentras, puedes preguntar en un herbolario, ellos sabrán qué darte. Lo puedes tomar durante uno o dos meses, y después, con no comer gluten, sería suficiente, aunque existen alimentos como la cebolla pochada, la manzana asada o cocida y los champiñones o setas que son muy buenos para tu aparato digestivo. Te animo a usar estos alimentos en tus comidas habituales.

Hay muchos estudios que han demostrado que una *dieta* (no sería hacer dieta, sino una forma diferente de comer) baja en carbohidratos y alta en grasas puede mejorar los síntomas de una depresión.

Por lo tanto, es tu responsabilidad y está en tus manos actuar en consecuencia, dado que tienes la información necesaria para dar un giro de ciento ochenta grados en tu vida, pero solo depende de ti. Yo te animo a retirar de tu vida todos los alimentos con gluten (pan, pasta, galletas…), y mantener una dieta rica en vegetales, fruta, proteínas y baja en carbohidratos. Los carbohidratos, lo único que hacen es crear picos de glucosa e insulina en la sangre, y tu cuerpo dispara un hambre intensa cuando el azúcar en la sangre sufre un bajón, por no decir la inflamación generada en tu tejido intestinal, provocando alteraciones en tu sistema nervioso, entre otros problemas.

No tengas miedo a no comer pan, pasta, ni nada de gluten. Si llevas toda la vida haciéndolo, estoy seguro de que lo primero que piensas es que eso es imposible, es muy difícil pasar un día sin comer ese tipo de alimentos. A mí me pasó al principio, era de las personas que desayunaba tostadas, me comía un bocadillo y entre horas picaba alguna galleta, por no decir que muchas veces comía pasta a mediodía.

Mi nueva forma de comer me aporta más energía, claridad mental y tranquilidad del sistema nervioso. Para que te hagas una idea, esto es lo que suelo comer:

-Desayuno: dos huevos, un plátano, nueces, almendras, leche de coco con cacao puro en polvo (¡nada de azúcar!). Puedes comer un día dos plátanos, otro día una tortilla de dos huevos, un puñado de frutos secos... Con este desayuno, créeme que no tendrás la necesidad de comer hasta pasadas cuatro horas. Y si necesitas comer más, pues hazte una tortilla de tres huevos.

-Comida: carne, pescado, vegetales (setas, brócoli, coliflor, etcétera) y almidones (patatas y similares).

-Cena: alguna crema de verduras, pollo, pavo, sardinas, salmón ahumado, aguacate o plátano.

No existe una dieta cerrada al respecto. Come de todo, pero sin gluten, lácteos ni azúcares. Notarás los resultados muy rápido.

Como sabes, hay infinidad de estudios que dicen que el huevo es una bomba de colesterol que hace daño a tu corazón. Pues bien, ahora se sabe que es bueno, ¡no solo el huevo, sino que el colesterol es bueno para tu corazón, tu cerebro y tu cuerpo!

No voy a entrar en datos, si quieres investigar más acerca de esto, puedes leer el libro que te he comentado antes, en él existen muchos estudios que avalan mis palabras. Pero lo importante es que lo compruebes por ti mismo.

Después de cambiar mi forma de comer, no solo mi sistema nervioso se equilibró, sino que mi vientre no estaba inflamado ni con gases, y durante el día no tenía ese apetito repentino, esa ansiedad de comer por falta de energía. Eso es debido a que los niveles de azúcar en la sangre están equilibrados, dado que, al no comer carbohidratos (pan, pasta, gluten…), no se crean picos de azúcar en tu cuerpo y el páncreas no necesita liberar tantas cantidades de insulina.

¡No será necesario que te diga que no debes tomar azúcar! El azúcar, me atrevería a decir que es casi como un veneno.

Resumiendo:

-Elimina por completo el gluten y el azúcar de tu vida alimentaria, y reduce considerablemente los lácteos.

-Toma durante uno o dos meses algún probiótico y prebiótico que, como te dije antes, contengan una variedad de distintas cepas (al menos diez), entre ellas *Lactobacillus acidophilus* y bifidobacteria. El que yo me tomaba era Vitanatur Simbiotics G, si no lo encuentras o no está a la venta, puedes preguntar en un herbolario, ellos sabrán qué darte. Con esto, las células de defensa de nuestro organismo estarán más sanas, y esto hará que mejore tu salud, dado que el 80 % de estas células están en nuestro aparato digestivo.

CAPÍTULO II

DIARIO 2

Lunes

Tengo la sensación de estar en un sueño y que no puedo despertar. También le doy vueltas a la cabeza acerca de si las pastillas que tomo no me hacen efecto o de si mi cerebro se va a habituar a ellas y luego va a ser peor dejarlas. Tengo la cabeza como cargada, me duele y ando todo el día como con ganas de dormir, atontado. Llevo ya mes y medio y la verdad es que no veo que tenga ideas distintas de las del principio. Quizá no tengo tanta angustia, pero los pensamientos siguen más o menos igual. Tengo miedo al futuro, a veces melancolía de mi pasado, cuando disfrutaba haciendo cosas, y ahora, al ser mayor, esas cosas no volverán. Como si tuviera miedo a hacerme mayor.

Martes

Cada día que me levanto por la mañana es como si volviera a repetir el día anterior, es decir, como si durante la noche el tiempo corriera hacia atrás y todos los días fueses iguales. Tengo una sensación de desconexión con el mundo, como si estuviera solo, haciendo las cosas, pero sin nadie alrededor.

Miércoles

Hoy me he levantado algo mejor, me noté más tranquilo y sin darle tantas vueltas a la cabeza. Lo que pienso es si necesito un cambio en mi vida. Noto como si me estancara en una rutina. Me gustaría conocer más mundo, no estar atado a unas reglas de horario, trabajo, etcétera.

Jueves

Me noto algo mejor, pero aún siento intranquilidad. No sé de dónde viene ese sentimiento, porque no tengo por qué estar así, como en alerta por algo. Me parece que voy haciendo más cosas con ganas.

Viernes

Me levanté normal, cansado. Fui a trabajar, pero a la tarde me encontré nervioso, como si mi cerebro, él solo, se pusiera nervioso sin ningún motivo. Mi novia me dice que intente desahogarme, pero es que no tengo nada de qué desahogarme. Estoy bien, pero me noto mal. Es algo raro, pensar que estás bien, pero no encontrarte bien.

Sábado

Los últimos días de la semana me encuentro más nervioso, y no sé cuál será el motivo. Hoy fui a una boda y, como estuve bastante distraído, la verdad es que no me encontraba mal. Siempre que me acuesto pienso: «A ver cómo me levanto mañana». Aún tengo una sensación como que el tiempo pasa y no lo aprovecho bien, ni lo disfruto como realmente quisiera.

Domingo

Tengo una sensación de no saber qué es lo que tengo que hacer con mi vida, estoy confundido, estancado y no sé para dónde tirar. Me surgen dudas de trabajo, familia, salud, etcétera. Como si me planteara cuál es el sentido de la existencia y cuál es mi cometido en esta vida. Pasan los días, pero no disfruto de las cosas.

REFLEXIÓN 2

Yo tomaba tres pastillas diarias: Besitran (Sertralina) e Idalprem (Lorazepam).

El primero es un medicamento utilizado para tratar la depresión (antidepresivo) y sus efectos secundarios eran náuseas, diarrea, insomnio y dolor de cabeza.

El segundo es un medicamento utilizado para aliviar el nerviosismo o ansiedad (ansiolítico) y para facilitar el sueño (hipnótico). Sus efectos secundarios solían ser molestias gastrointestinales, sensación de cansancio, sequedad de boca y estreñimiento.

Por esto, casi siempre tenía esa sensación de cansancio, problemas gastrointestinales, boca seca y náuseas que pensaba que eran nervios. No dormía casi nada y yo siempre lo achacaba a la depresión. Nunca hagas eso, echar culpa a la depresión de todo lo que te pasa. Si tienes cansancio, ¿no crees que pueda ser debido a otra cosa?

Es algo habitual el buscarnos enfermedades en nuestro cuerpo cuando estamos con depresión. Puede ser por el hecho de querer encontrar el centro del problema donde radica la depresión y así poder acabar con esto de una vez por todas o, simplemente, por paranoia.

Y lo peor de todo, hoy en día, es Internet. Sí, sí, Internet. Yo tenía un dolor de pie y buscaba en Internet: «Causas dolor de pie», y salían tremendas barbaridades que, en aquellos momentos, yo me las creía y realmente me preocupaba. Por eso creía tener infinidades de enfermedades.

¡Incluso pensaba que tenía un tumor en la cabeza del dolor tan fuerte que tenía!, que era como si estuviese todo el día con un casco de moto puesto.

Un día, fui a un neurólogo y le dije que quería hacerme un TAC de cráneo para ver si tenía algo dentro de mi cabeza, porque no era normal lo que me estaba pasando. Desde un principio, me dijo que tenía ansiedad y un claro cuadro depresivo. Pero me hice el TAC, miró los resultados y, por supuesto, no tenía nada.

Así que no busques más problemas donde no los hay.

Sé que estás sufriendo, pero eso no quiere decir que tengas todas las enfermedades del mundo, ni que te vayas a morir por esto.

Lo peor de la depresión es que no sabes qué te pasa, solo sabes que estás mal, que te sientes mal pero no sabes por qué, y lo peor es no saber cómo puedes salir de esto.

Es como si te pusieran una venda en los ojos y te hicieran vivir así, a oscuras. Pero, fuera de esa venda, a tu alrededor, hay un mundo maravilloso, lleno de sensaciones, personas, sentimientos, paisajes, que están para que los disfrutes, no para que sufras. Y el día que logres quitar esa venda de tus ojos, lograrás, no solo ver estas cosas, sino sentirlas y disfrutarlas.

EJERCICIO 2

Árbol genealógico

Quiero dar las gracias a Saúl Pérez, que fue quien me enseñó esta terapia. Es un gran terapeuta, lo sé por experiencia propia, porque gracias a él también avancé en mi recuperación. Gracias.

Las frases: «No sé que me pasa», «Estoy mal pero no tengo porque estar así porque tengo todo para ser feliz», «¿Qué me pasa?», yo me las repetía una y otra vez cada día. ¿Qué me pasaba?, a simple vista, no había ningún motivo por el que estar así.

¿Cómo no era capaz de disfrutar del día?, ¿cómo no era capaz de levantarme de la cama y sonreír?

Bien, como te dije, voy a ir al grano, no quiero que pierdas el tiempo en leer palabras o frases que no hagan que avances.

A lo largo de estos años en los que he convivido con esta enfermedad, he probado diversas terapias: acupuntura, kinesiología, biorresonancia, reiki... He ido al psicólogo y he tomado pastillas recetadas por el psiquiatra.

Te suena todo esto, ¿no? Ir de un lado para otro en busca de la solución, gastar dinero, tiempo y salud.

He de decir que este libro lo he escrito en dos veces. La primera hablaba sobre que la mejor terapia para curar la depresión sería la kinesiología y la biorresonancia, porque fueron las que, en su día, me devolvieron un poco de alegría a la vida, dejando de lado las pastillas, el psicólogo y demás terapias.

Hasta que, un día, tuve un accidente y me rompí los dos pies. Como consecuencia de esto, me tuvieron que operar y estuve cuatro meses en silla de ruedas sin salir de casa. Mis días eran estar en cama, de la cama a la silla y de la silla a la cama. Empecé la rehabilitación y justo ahí encontré de nuevo frente a mí esas sensaciones de no ver futuro, de ansiedad por todo mi cuerpo, de miedo a morir, mareos, tristeza, etcétera. Lo que comúnmente se llama una recaída.

Fue ahí cuando de nuevo comenzó mi nueva etapa de lucha con esta enfermedad, que duró sobre dos o tres años. Hasta el día de hoy, en el que, delante del ordenador en mi casa, frente a la ventana de mi habitación con un día soleado, estoy escribiendo estas palabras para contarte las aventuras de este nuevo camino.

En esta nueva etapa no tomé pastillas, de hecho, ni fui al psiquiatra ni al psicólogo, ¿para qué? Si en su día no me ayudaron, ¿por qué iban a hacerlo ahora?

Bueno, comencé con una terapia que se llama *anatheóresis,* aunque seguro que te sonará más familiar *regresiones* o *terapia de vidas pasadas.* De hecho, te voy a hablar de varias terapias, en las cuales me he formado y ahora mismo estoy usándolas para guiar y acompañar a la gente que viene a mi consulta en su proceso de superación de esta enfermedad.

Lo que hace esta terapia es, grosso modo, a través de una relajación corporal y mental, buscar los conflictos de tu vida grabados en tu subconsciente y transformarlos de negativos a positivos, eliminando las consecuencias que en tu presente están provocando. Te podría hablar largo y tendido de esto, pero dejo en tus manos investigar más acerca de ella y, si encuentras un terapeuta que la haga, no lo dudes y pide cita.

Hay otra terapia de la que voy a hablar un poco más, solo por el hecho de que, en parte, te la puedes hacer tú a ti mismo. Es por eso que prefiero hablar más de ella. Se trata de la terapia transgeneracional.

En nuestro árbol genealógico se encuentran las respuestas a muchos problemas de nuestra vida presente que nos limitan y nos impiden muchas veces seguir el camino que queremos.

¿Qué quiere decir esto? Pues que quizás has heredado problemas de tu abuelo, de tu bisabuela, de una tía fallecida, y te pasan cosas que no son tuyas. ¿Recuerdas el: ¡no sé qué me pasa!?

Con esta terapia vamos a buscar, a investigar qué personas hay que quizás te estén perjudicando y, una vez que las tengamos identificadas, vamos a intentar liberarnos de sus cargas o problemas.

Sé que puede parecerte locura lo que te estoy diciendo, o no, quizás tú ya estás tocando estos temas o eres una persona abierta de mente para escucharlo. Lo que sí está claro es que las pastillas no te valen de nada, o sí, desconozco tu situación particular. Si te funcionan, no es necesario que sigas leyendo, pero si ves que sigues más o menos igual desde que tomas pastillas y/o vas al psicólogo, algo distinto tendrás que hacer. Yo te propongo algo muy distinto y que estoy seguro de que en el futuro no muy lejano (ya muchos psicólogos están estudiando estas técnicas porque ven su efectividad), será algo normal para tratar en cualquier consulta que tenga que ver con médicos.

Para alcanzar algo que siempre has querido, en este caso, superar tu depresión, tendrás que hacer algo que nunca hiciste para obtener un resultado distinto.

Ya en el año 1970, varios psicoanalistas, entre ellos Anne Schützenberguer, comienzan a estudiar el árbol genealógico. Posteriormente, Salomón Sellam indagó más en esta cuestión. Te invito a que investigues más acerca de ellos, tienen libros interesantes.

Yo te voy a explicar, de forma muy básica, cómo se hace el árbol genealógico para que puedas ver dónde puede estar el posible conflicto. No quiero liarte con muchos datos ni forma de hacerlo, porque se podría extender mucho para hacerlo más completo, voy a explicarte solamente lo que, a mi juicio, es lo más importante en relación con la depresión.

Quiero dejarte a ti la decisión de investigar más acerca de esta terapia, aunque quizás con los datos que te doy te es suficiente. Por el contrario, si necesitas profundar en ello, te animo a que investigues más acerca de esta terapia.

Para dibujar el árbol genealógico necesitamos conocer antes algún dato.

Para cada persona del árbol, anotaremos su:

-Nombre.

-Fecha de fallecimiento, si corresponde.

En otro papel, pondremos:

-Causa de muerte.

-Cualquier problema o dificultad fuera de lo normal que pueda haber tenido en su vida.

En una hoja puedes empezar por tu nombre y fecha de nacimiento, después los de tus padres, abuelos, tíos, tu marido o esposa, hijos, incluso personas que quizás no son de tu familia pero con los que has tenido una relación muy intensa, puede que algún vecino o amigo.

Muchas veces, tras la muerte de un amigo, una persona puede experimentar situaciones o sensaciones extrañas, miedo a la muerte, ansiedad o dormir mal, es por eso que este ejercicio me parece muy interesante.

Cuanta más información tengas mejor.

Ahora es el momento de explicarte cómo se buscan esas personas que quizás nos están *dando problemas* en función de la fecha de su fallecimiento en relación con tu fecha de nacimiento.

Ahora que ya tienes tu árbol completo con todos los datos que has podido encontrar, vamos a intentar identificar a las personas de las que quizás hemos heredado problemas y que nos están impidiendo tener una vida sana. Estas personas pueden ser aquellas cuyas fechas de fallecimiento estén dentro del rango de fechas en relación con tu fecha de nacimiento. Te lo explico de la siguiente manera:

-Tu fecha de nacimiento, con una diferencia de + o - 10 días.

-A los 3 meses de tu nacimiento, con una diferencia de + o - 10 días.

-A los 6 meses de tu nacimiento, con una diferencia de + o - 10 días.

- A los 9 meses de tu nacimiento, con una diferencia de + o - 10 días.

A tu fecha de nacimiento le sumas y restas 10 días. Por ejemplo, si naciste el 15 de enero, serían las fechas entre el 5 de enero y el 25 de enero. Tienes que buscar las personas que murieran entre estas fechas.

Después hacemos lo mismo con todas las personas que tengan su fecha de muerte a los 3 meses de este rango de fechas que hemos calculado a partir de tu fecha de nacimiento, entre los días 5 y 25 de abril. Luego a los 6 meses: 5 a 25 de julio, y a los 9 meses: 5 a 25 de octubre.

Una vez que tengas identificadas a esas personas, tienes que averiguar de qué murieron, y sus posibles conflictos: alcoholismo, maltratos, infidelidades, suicidios, separaciones, incestos, abortos, hijos fallecidos, abusos, asesinatos, enfermedades, etcétera.

Alguna vez, es probable que haya personas que no coinciden con la fecha, pero, aun así, necesitas hacer un trabajo de liberación con ella, quizás porque has tenido una relación muy estrecha con esa persona, tenías un vinculo muy fuerte con ella, sueñas con ella a menudo o piensas en ella bastante. Si es así, si sientes que hay alguien que puede estar influyendo, anótalo en tu lista, aunque su fallecimiento no coincida con los rangos de fechas que has calculado.

En el siguiente capítulo, te enseñaré cómo liberarte de estas posibles cargas que heredamos de nuestros dobles.

CAPÍTULO III

DIARIO 3

Martes

Me cuesta levantarme, me apetecería quedarme en cama. Voy al trabajo y parece que entro en un mundo aparte, al salir parece otro mundo. Tengo la sensación de estar en dos cabezas, la buena y la mala, a veces puede una y me noto bien, y a veces la otra y me encuentro bajo.

Miércoles

Tengo una sensación leve de angustia constante. Parece que estoy bien, pero estoy o está mi cerebro aún en alerta. Tengo ese punto suficiente de malestar psicológico como para, cuando no tengo nada que hacer, comenzar a encontrarme mal y a darle vueltas a la cabeza. Tengo la sensación de no estar a gusto en el trabajo. Cuando estoy en el trabajo estoy deseando que llegue la hora de salir. No sé si es porque tengo la necesidad o el pensamiento de que, cuando salga, voy a ir para casa y me voy a encontrar mejor, o realmente estoy mal en el trabajo.

Jueves

Por la mañana y a mediodía tenía una sensación de tener que ir para casa a descansar. Cuando estoy en el trabajo solo me apetece ir a casa a dormir. Pero una vez que salgo y llego a casa no me apetece dormir, sino que me apetece hacer algo. Tengo una sensación de que necesito una temporada en paz, con tranquilidad, ir a una casa rural, dar paseos por el monte, relax, etcétera. Sin estrés y sin tener que depender del horario ni del trabajo ni de nada.

Viernes

No tengo ese malestar físico (dolor de cabeza, mareos, visión borrosa), pero, aunque esté bastante bien, noto que me falta esa pizca de ilusión y tranquilidad en las cosas que hago. Siempre estoy pendiente de cómo estoy en cada momento, planteándome el si estoy bien o si estoy mal, si la sensación que tengo es buena o mala. Es decir, que no estoy seguro o confiado de estar bien, y estoy aún en alerta por si acaso. Poco a poco eso también se irá y tendré días buenos y malos, pero sin esa angustia y estado depresivo como tenía.

Sábado

El resumen del día bien, aunque si me paro y pienso si ya estoy mejor o aún no, tengo una sensación de inestabilidad mental. Es decir, hago las cosas sin ningún problema, me río, pero en un momento dado que pienso si estoy o voy a estar mal ya me pongo raro, como si no estuviese en ese momento allí, como si estuviera fuera de lugar y mi sitio no fuese ese momento ni ese lugar.

Domingo

Un día sin nada que hacer, descansado, esperando a que comience la semana. En el día tengo momentos buenos y otros de bajón. Cuando pienso que aún estoy bien, aunque no tenga angustia, estoy algo descentrado.

Lunes

Sensación de estar en un segundo plano dentro de mi vida. Es decir, estoy hablando con alguien y tengo una sensación de cómo puedo estar en ese momento ahí, de no saber qué hacer. Voy a trabajar, a comer, pero no me apetece hacer nada. Por mí todo el tiempo sería de noche y estaría en cama descansando, y al despertar mi otro yo ya no estaría y empezaría a disfrutar de las cosas.

Martes

Tengo una sensación de estar desconectado aunque me vea bien. Es como si al estar haciendo algo, mi mente estuviese dormida o en «stand by» y cuando pasa el tiempo no recordara lo que hice hace un rato. Como si estuviera hiperactivo pero sin ganas de hacer esas cosas que me pide el cuerpo y que la mente no me deja.

REFLEXIÓN 3

¿Dos cabezas? ¿La buena y la mala? Creo que a estas alturas ya sabes a qué me refiero. Seguro que sí.

Nuestra mente está compuesta por el consciente y el subconsciente, o, como veremos en otro capítulo, puede ser que tengas en ti ciertas pautas que no te pertenecen, pero que están ahí estorbándote. ¿A que suena raro?

De momento no te voy a explicar más acerca de esto, porque más adelante lo miraremos con más detalle. Vete asimilando conceptos.

Unas veces controlas tú el momento y otras veces te sientes controlado.

Tienes que aprovechar cuando tienes buenas sensaciones, intenta disfrutar de ellas. Esto te hará más fuerte.

Cuando no tengas nada que hacer, intenta mantenerte activo, sal a dar un paseo, pero no te metas en casa, a no ser que eso sea para ti una actividad placentera. Para mí lo era por ese miedo a salir de casa, ahora lo sigo haciendo pero porque disfruto de mi casa y de mí mismo, no tengo que ir en busca de nada ni mantenerme ocupado, ahora mi cabeza esta libre de pensamientos negativos. Pero si tú sientes que tu cabeza te está controlando, es bueno que te mantengas ocupado, sobre todo para no entrar en una dinámica de pensamientos de destrucción hacia ti mismo.

Lo que haces con ello es echar más leña al fuego de tu negatividad, porque al no tener nada que hacer, tu cabeza va a comenzar a darle vueltas a todo, te va a escanear cada parte de tu cuerpo buscando problemas, y créeme que los va a encontrar. Con ello, tú te sentirás peor en ese momento y, por supuesto, te va a costar más salir de casa.

Puedes conseguir mantener el control sobre ti mismo con técnicas como la meditación o el *mindfulness*.

Párate y mira a tu alrededor. Observa lo que te rodea, hazte partícipe de ese momento, comprende que ahora mismo estás ahí. Vive cada momento. Vivir no es hacer cosas, es darse de cuenta de lo que haces en cada momento.

Sé que estés donde estés te sientes mal. Eso me pasaba a mí, estaba en el trabajo y quería marcharme para casa, llegaba a casa y quería salir a otro lado, es como si me persiguiera un *yo negativo* todo el tiempo, y realmente es horroroso.

Creía que cambiando de lugar iba a desaparecer. Lógicamente el *yo negativo* es esa parte interna de ti que ahora mismo te gobierna.

Lo que tenemos que hacer es afrontar ese yo interior. Decirle: «Ahora me haces sentir mal, pero estoy seguro de que, algún día, me harás sentir bien, porque voy a dominarte».

Si mantenemos distraído a nuestro cerebro, con actividades o simplemente dando un paseo, conseguiremos que no se centre solamente en la enfermedad, y eso es un paso importantísimo para tu recuperación.

El no pensar en la enfermedad. Cuanto más te centres en ella, más piensa el cerebro que es algo importante y más vueltas le va a dar. Así que, en el momento que dejes de pensar en ella y te centres en otras cosas, irás olvidando todo.

EJERCICIO 3

Una vez que tengamos identificadas a las personas cuya fecha de fallecimiento coincide con los rangos de fechas que hemos calculado respecto de nuestro nacimiento, tenemos que liberarnos de sus cargas, conflictos y sufrimientos. Para ello, debemos escribir una carta dedicada a cada una de esas personas.

Para que tengas una referencia de qué se suele escribir en esa carta, te escribo yo aquí una a modo de ejemplo, pero que te puede valer a ti.

Hola (persona a la cual le escribes, por ejemplo, abuela María),

Soy tu nieto Juan.

Yo te reconozco como el grande y yo el pequeño de la familia, pero yo estoy vivo y tú estás muerta.

Tu lugar es la luz, y el mío es aprender en este mundo.

Comprendo que quizá sufriste mucho, pero ese sufrimiento es tuyo y parte de tu aprendizaje, no el mío.

Para mí es una carga soportar tus programas, experiencias, valores, creencias... (aquí escríbele todo lo que quieras decirle acerca de cómo crees que ha sido su vida y cómo esto te está afectando a ti. Hazlo como si le hablaras en persona, de tú a tú, desde el corazón).

Yo necesito estar libre en mi vida de cualquier carga que no sea mía.

Te pido que separes de mi vida dicha carga y, al mismo tiempo, en caso de que me acompañes, te marches a la luz y me dejes seguir mi camino libremente.

Yo necesito hacer mi propia vida y no vivir las consecuencias de la tuya.

Por lo tanto, te manifiesto mi más sincera voluntad de quedarme libre y, por lo tanto, te libero y me libero.

Una vez que tengas las cartas escritas, tendrías que ir a algún lugar bonito de la naturaleza, leerlas en voz alta tres veces, quemarlas y enterrar sus cenizas en ese lugar junto con una semilla, planta o flor que hayas comprado y que te guste o signifique algo para ti. Da igual que crezca o no, lo que importa es el acto simbólico de entrega.

Muchas veces, como en mi caso, después de la muerte de algún familiar nuestro cuerpo y nuestra mente enferman por una extraña razón. Hay un libro de Theresa Caputo, *Lo que hay más allá de la vida,* en el que habla de vivencias espirituales para perder el miedo a la muerte y superar el duelo, que es muy interesante. Con esto te quiero decir que, si identificas que, en tu caso, puede ser que enfermaras justo después de la muerte de un familiar, amigo u otra persona cercana, es probable que necesites hacer un ejercicio como el que te explico de la carta.

Pero también podemos hacer otro un poco más profundo. Te animo a que hagas este ejercicio, es muy importante, para mí fue uno de los más importantes. Te cuento.

Vas a grabarte leyendo el texto que a continuación voy a escribir, y después lo vas a escuchar. Es como si fuera una meditación. Simplemente, habla con voz suave, tranquila y despacio. Tengo que dar las gracias en este punto a Rosa por haberme enseñado esta terapia a la que llama *Sanación de Luz,* y no solo por eso, sino por ayudarme en su día. Gracias.

Cierra los ojos, respira profundamente por la nariz. Con cada respiración vas liberando cualquier tipo de tensión en tu cuerpo, vas liberando cualquier tipo de pensamiento negativo, vas conectando con la energía del corazón.

Visualiza en tu corazón la energía del amor inocente, y pide a tu yo superior que te ayude y que te guíe para hacer esta meditación.

Pon las manos en el corazón, e invoca la luz dorada del yo superior, para que se manifieste y nos guíe.

Visualiza delante de ti ese tubo de luz dorada, intensa, pura y divina, y nombra a la persona tres veces, con nombre y apellidos.

Ahora, nombra de nuevo a la persona y dile:

Tu espíritu tiene que darse cuenta de que ha muerto y aceptarlo. La luz dorada va a acompañarte en esta transición, para que sueltes y elimines cualquier tipo de sistema de creencias o de emociones que te agarren aquí a la tierra.

Visualiza a la persona al lado de esa luz de transición y dile: esta luz dorada te va a ayudar a eliminar cualquier dolor físico.

Visualiza cómo ese tubo de luz te hace como una espacie de escáner y va eliminando todo ese dolor físico, y visualiza cómo la persona está envuelta en ese tubo de luz, y cómo la vibración y la luz dorada va eliminando y desprendiendo toda esa parte física que se ha podido quedar impregnada en su alma.

Respira profundamente.

Esta luz dorada te va a ayudar a eliminar cualquier oscuridad de tu mente, cualquier tipo de pensamiento negativo hacia ti mismo, y pido que este tubo de luz dorada disuelva toda oscuridad que se haya quedado impregnada en tu alma.

Respira profundamente.

Esta luz dorada te va a ayudar a limpiar tu parte emocional y kármica, pido que limpie cualquier tipo de oscuridad emocional que te bloqueara, y que libere toda la oscuridad y todo el miedo.

Vuelve a nombrar a la persona y dile:

Afirmas que aceptas y activas todo el equilibrio de amor puro que hay en ti, y la limpieza se ha realizado en toda tu alma.

Respira profundamente.

Ahora, agradecido, al fondo ves una luz intensa. Esa luz es cada vez más potente. La luz dorada te acompaña y te guía para que vayas hacia esa luz. Todo está solucionado, y cada vez más y más ves cómo te alejas y vas hacia esa luz de transición intensa, con tranquilidad, equilibro, paz interior, y te vas aproximando y vas viendo cómo vas desapareciendo en esa luz intensa.

Llega un momento en el que ya no te percibimos, ya no te vemos, porque se unifica la luz de transición con tu luz propia, y damos gracias, gracias, gracias a todos aquellos que han intervenido para llevar este proceso hacia su camino.

Y cerramos diciendo: gracias, gracias, gracias.

Escucha esta grabación en algún lugar donde te sientas tranquilo y no haya ruido ni opción de que te molesten mientras la escuchas.

Mucha gente, después de realizar este ejercicio, pasa por una etapa de nerviosismo, tristeza, dolor físico, diarrea, gripe, etcétera. No te preocupes, esto quiere decir que estás expulsando lo que te estaba interfiriendo, y que tu cuerpo y tu mente están trabajando para entender todo lo que hemos liberado y que ya no necesitamos.

En unos días estarás mejor. Suerte.

Si tienes la posibilidad de tener una cita con algún terapeuta que se dedique a esto, te aconsejo que vayas, muchas veces hay cuestiones que solo un terapeuta puede solucionar.

CAPÍTULO IV

DIARIO 4

Miércoles

El simple hecho de pensar que al día siguiente hay que levantarse y realizar una serie de cosas, me pone nervioso porque pienso en cómo estaré, cómo me voy a sentir mañana. Sé que hay que pensar en el presente. Ahora mismo, por ejemplo, estoy tranquilo en casa, no me apetece salir, pero noto que no estoy bien. Como antes. Esa mente liberada de tensión, mis pensamientos claros, sin nada de angustia a la hora de pensar en el mañana.

Jueves

Estoy como si tuviese puesto un casco de moto en la cabeza. Noto una opresión en la cabeza, como si me fuera a desmayar, ganas de llorar por ver cómo estoy y miedo a cómo estoy y no saber cuándo me recuperaré. Cada día me despierto con miedo a saber cómo voy a estar, como miedo a salir de casa y encontrarme mal.

Viernes

Tengo una sensación de estar en un sueño o en una película que veo en tercera persona. Tengo una opresión en la cabeza, en las sienes, como si llevara un casco. No tengo apetito, no tengo ganas de nada.

Sábado

Sensación de estar todo el día soñando, dormido, como si mi cuerpo pensara que es de noche y hay que descansar o adormilarse. Veo el día, sol y buen tiempo, ganas de hacer algo, pero no soy capaz de hacerlo.

Domingo

Algo mejor. Mis ideas y pensamientos son más claros y al pensar en el futuro veo algo más de ilusión. Aún noto algo de desubicación y cansancio, como estar fuera de plano, pero, poco a poco, parece que me estoy centrando.

Lunes

Estoy bajando las pastillas ansiolíticas. A ver si las voy quitando poco a poco sin tener efectos secundarios, ni mono. Tengo algo de miedo al pensar en la hora de quitar las pastillas, para ver si puedo yo solo sin ellas. La vida, mientras se está vivo, hay que intentar disfrutarla como se puede, no como se quiere. Entonces, cada día hay que tomárselo sin prisa, vivir cada momento y disfrutarlo, sin rayadas de cabeza ni falsos pensamientos que no llevan a nada.

Martes

Intento no pensar en cómo estoy, simplemente llevarlo lo mejor posible. Me noto bastante cansado, no sé si será por la pastilla, por el tiempo que hace o por el estrés. Pero bueno, cada día parece que estoy mejor, aunque hay momentos en que me noto raro y desubicado. Como fuera de mí.

Miércoles

Me noto desconectado, como si me faltara la memoria, desorientado. Estoy dejando el Idalprem (Lorazepam).y quizá sea la reacción del cuerpo a la falta de la pastilla. Pero durante el día tengo varias fases. Estos días, por la noche, me encuentro bastante mal, cansado, mareado, con algo de angustia y ansiedad.

REFLEXIÓN 4

¿Recuerdas cuando eras pequeño/a? Vivías en el mismo mundo que ahora, pero no tenías problemas, por lo menos a nivel consciente, aunque lo más probable es que las vivencias que tuviste con tus padres, abuelos, profesores, etcétera, te hayan marcado a nivel subconsciente, y eso ahora, en tu etapa adulta, te está pasando factura. Haremos un ejercicio para intentar eliminar estos bloqueos internos que hacen que, muchas veces, no seas capaz de disfrutar la vida como quieres.

Solo estás en un momento de duda sobre ti mismo, sobre tu interior, en el momento que sepas quién eres y a dónde vas, volverás a engancharte a tu vida. Debes hacer un viaje hacia el interior de ti mismo para redescubrirte, volver a conectarte con la fuente que te creó. Ahí es donde encontrarás todas las respuestas que quizás andas buscando. Nada está fuera, todo está dentro de ti.

Solo tienes que creer en algo que quieres, confiar en ello y pensar que sí, que puede ser posible. ¿Por qué no va a ser posible?, ¿porque tú lo digas o lo pienses? Cambia el chip, mira a tu alrededor, mira tus amigos, compañeros de trabajo, ¿envidias la vida de alguno de ellos?

Pues quizás ellos envidien tu vida. Cuando yo estaba enfermo, siempre me decía por qué me pasaba esto a mí y no al vecino, que era una mala persona.

Tenía envidia de algunas personas, pero cierto día supe que algunas personas a las que envidiaba tenían muchos más problemas de salud que yo, pero cuando hablaba con ellas no lo parecía.

Muchas de las personas que tú conoces y crees que están perfectamente de salud, no lo están. ¿Quién podría decir con solo hablar contigo o mirarte que lo estás pasando tan mal? Nadie, porque tu problema está en tu interior. Solo necesitas organizar tu yo interior y saber cómo controlar tus pensamientos. El resto vendrá solo.

Sé que es muy duro, sobre todo porque no sabes el porqué y, por lo tanto, no sabes cuál es la cura. Pero debes empezar por pensar que vas a conseguir curarte. Esto te dará confianza en ti mismo.

Mi camino, reconozco que fue duro. Habrá personas que han vivido cosas más duras que yo, seguramente sí, incluso habrá personas que ni tan siquiera han vivido nada negativo de momento, y me alegro enormemente por ellas. Lo más importante es que consigas conectar con esa parte de tu interior que te dice que vas a conseguirlo. Por muy pequeña que sea esa voz interior que te dice que puedes y vas a lograrlo, dale importancia a esa voz, cree en ella, cada día escúchala con más confianza. Ella te va a llevar donde tienes que ir, será tu guía. No escuches a tu cabeza, escucha a tu corazón, él te guiará de la mejor manera posible, cuando estés preparado él hará que todo suceda: aparecerán personas, libros, terapeutas, trabajos, viajes, etcétera.

Quizás aún no te has familiarizado con esa energía interior tan potente que tienes. Puede que aún estés dormido, siguiendo el camino que tu mente y pensamientos te hacen seguir, pero estoy seguro de que, poco a poco, lograrás reconectarte con esa energía que ahora mismo tiene poca fuerza, y esa voz tiene poca intensidad, poco volumen. De ti dependerá hacerle caso o no, pero dale una oportunidad, no te defraudará.

EJERCICIO 4

Niño/a interior

Muchos niños han tenido una vida feliz, su infancia estuvo llena de confianza, amor, cariño y respeto. Pero otros niños no han tenido la misma vida y han sufrido críticas, desvalorizaciones, exigencias, maltratos, aunque la mayoría es probable que hayan tenido un poco de todo, una de cal y una de arena.

Todos los niños tienen unas necesidades básicas para su desarrollo emocional y físico. Necesitan comer, jugar, ser cuidados, valorados, amados, escuchados, abrazos, risas, aunque también necesitan límites coherentes y claros, para aprender e integrar las posibles frustraciones de la vida.

De adultos tenemos otras necesidades, nuevos retos, nuevas responsabilidades, pero ese adulto guarda dentro de sí al niño que fue, con sus deseos, aspiraciones, ilusiones y todo lo vivido en su etapa de niño. Es por esto que no solo necesitamos crecer por fuera, también necesitamos hacerlo por dentro. Cuando las circunstancias no fueron las adecuadas y el niño no pudo obtener lo que necesitada, el adulto arrastra heridas emocionales que le condicionan inconscientemente y lo limitan para vivir en paz, equilibrio y armonía.

Entonces, ese niño que todos llevamos en el corazón, siente, piensa y actúa como si fuera ayer, es por eso que necesitamos que tu niño interior sane todas esas heridas, con la ayuda tu *yo adulto.*

Este ejercicio es uno de mis preferidos. Un día llegó a mis manos un libro titulado *El niño olvidado,* de Mercedes Guzmán, y como para mí nada es casualidad, todo lo que llega a tu vida es por y para algo, investigué más acerca de la autora de ese libro.

Ella es experta en regresiones al niño interior. Me gustó mucho ese tema y pedí una cita con ella. Me pareció fantástico, aunque yo en esa época ya me encontraba mucho mejor me parece una terapia que todo el mundo debe hacer, puesto que consigues liberarte de los posibles conflictos inconscientes que se han ido quedando grabados en tu interior y que ahora te están dando problemas.

Conflictos que quizás quedaron grabados desde tu niñez, conviviendo con tus padres o quizás con tus abuelos. El niño no entiende, no razona, y todo lo que vive lo absorbe de una manera inconsciente, de ahí que cuando somos adultos no sepamos por qué reaccionamos de unas maneras u otras, puesto que somos gobernados por esa mente inconsciente. Por eso, deberías limpiar todos los posibles conflictos internos, para que puedas obtener el equilibrio perfecto de tu ser.

Muchas veces actuamos de maneras que ni nosotros sabemos el porqué. De pequeños fuimos criados por nuestros padres, abuelos, profesores, vecinos, familiares, etcétera, quienes, sin darse cuenta, nos estaban programando, como hacen la televisión o la publicidad, que usan técnicas para convencer a nuestro inconsciente. Lógicamente, cuando eres pequeño absorbes toda esta información y creencias de tus padres como algo tuyo, y así te haces adulto y vives con unas pautas que no son tuyas.

Cuando nuestro niño interior está herido, nos sentimos vacíos y deprimidos. La vida nos parece irreal, estamos ahí pero no estamos en la vida, este vacío conduce a la soledad.

Para entender por qué esto nos afecta en nuestra vida adulta, hay que investigar sobre cómo fue tu vida de niño. Quizás un padre alcohólico, una madre castradora o unos padres ausentes, sin ser conscientes de ello, es probable que te castigaran a menudo o te pegaran una bofetada de vez en cuando. Todo eso queda grabado en la mente del niño, creando unos bloqueos emocionales que en la etapa adulta pueden reflejar miedo, ira, rabia, o tristeza.

Por eso es tan importante poder sanar a tu niño interior. En ocasiones, la gente dice que su niñez fue estupenda, pero, cuando empiezan a investigar en su interior, descubren que tienen rabia hacia una madre manipuladora, o tristeza y miedo hacia un padre drogadicto que le pegaba a su madre.

Te animo a que rememores toda tu etapa de la niñez y la adolescencia, los posibles conflictos que recuerdes, sobre todo con tus padres o las personas que te criaron y con quienes más relación tuviste. Estos conflictos pueden ser, desde un enfado por no dejarte ir a la playa con tus amigos, hasta una madre que te castigaba todos los días, todo lo que recuerdes que sientas que aún tienes en tu mente guardado (un truco que puedes usar es buscar esos momentos/conflictos partiendo de una sensación de rencor, miedo, tristeza, rabia, ira, etcétera).

Coge un papel y anota todo lo que se te venga a la cabeza, por muy disparatado que te parezca. Después haremos un ejercicio como complemento de este.

Otro libro muy interesante es *Volver a casa,* de John Bradshaw, quien culminó con este libro, que ha sido y seguirá siendo un superventas, una larga investigación motivada por su proceso de sanación. En él encontrarás muchos ejercicios sencillos para poder trabajar con tu niño interior. Es de obligada lectura. No lo dudes. Yo aquí te voy a explicar uno de los ejercicios que en su libro expone, pero tiene muchos más. A mi parecer, he escogido el que creo que más impacto positivo puede provocar en tu recuperación.

Como ves, te doy mucha información, ahora depende de ti lo que haces con toda ella, si seguir investigando a estas personas, libros y terapias o dejar de lado esta oportunidad. Quizás tu camino sea distinto al mío, lo importante es que estés abierto a todo esto que te cuento y estás recibiendo.

El niño interior es tu subconsciente y maneja el 95 % de tu vida. De cero a cinco años no tienes la consciencia desarrollada y todo lo que pasa a tu alrededor lo absorbes y llenas tu mente con esas formas de ser, de ahí que, cuando eres adulto, muchas veces actúas de forma inconsciente ante una circunstancia y después te arrepientes de la forma como actuaste. Tal vez estabas siendo manipulado por esa parte de tu cerebro donde quedó guardada, siendo niño, una situación parecida a la vivida.

Debes conectarte con tu niño interior para sanar esa relación, y lo vamos a hacer con dos ejercicios: uno será escribir tres cartas y otro una meditación que deberás grabar o bien pedir a alguien que te la lea.

Escribir 3 cartas

Puedes ayudarte mirando una foto de ti mismo cuando eras niño.

Carta 1

Escribe una carta a tu niño interior desde tu etapa actual como adulto. No es necesario que sea larga, basta con dos o tres párrafos, aunque puedes dar rienda suelta a las palabras que te vengan a la mente y escribir dos hojas por ambos lados. Lo importante es ser lo más sincero posible contigo mismo y confiar y creer que lo que estás haciendo es para tu bien, así que hazlo con respeto y amor hacia ti mismo.

Respira profundo como adulto y visualiza a ese niño interior delante tuyo. ¿Qué le dirías?

Cuando termines de escribir la carta, léela en voz alta muy despacio y medita lo que estés diciendo y sintiendo. Está bien que te entristezcas y llores si lo deseas.

Carta 2

Ahora, con la mano contraria de la que has utilizado para escribir la carta anterior, vas escribir lo que ese niño te contestaría después de leer esa carta que le has escrito, es decir, una carta de tu niño interior dirigida a ti como adulto. Quizás muestra enfado, miedo, rabia, etcétera. Deja que se desahogue.

Carta 3

Escribe una carta a tus padres, no como adulto, sino que esa carta la va a escribir tu niño interior. Divídela en dos párrafos, uno para tu padre y otro para tu madre. Deja que tu niño interior les diga lo que quiera. No es un carta para culpar a nadie, es una carta para expresar todo aquello que quizás quería decir pero que no pudo por los motivos que sean.

Después de que hayas escrito tus cartas, siéntate y deja que surja cualquier sentimiento que tengas.

Estas cartas las puedes quemar después de terminar, si quieres puedes enterrar las cenizas y una semilla de alguna planta en algún lugar que te guste.

Meditación

Esta meditación hazla, a poder ser, en un lugar tranquilo, sin ruidos ni distracciones. Lo importante es que estés tranquilo y relajado para poder integrar todas esas palabras en ti.

La puedes hacer solo, en ese caso, tendrás que grabar el siguiente texto y después oírla con la ayuda de unos cascos. Recuerda hacerlo despacio, con voz amorosa, porque vas hablarle a tu niño interior. Trata de ser dulce.

Si tienes pareja o alguna persona de confianza con la que puedas hablar de este tema y quiere ayudarte, esa persona podrá leer el siguiente texto mientras tú te relajas en una posición cómoda, sentado o tumbado con los ojos cerrados.

Donde veas tres puntos seguidos *(...)*, ahí debes hacer una pausa de uno o dos segundos. No lo hagas con prisa por terminar rápido, créeme que agradecerás ir más despacio.

Comenzamos con la meditación.

Cierra los ojos... Puedes concentrarte en tu respiración... Siente el aire al entrar y salir... Nota cómo pasa por tu nariz al inspirar y espirar... Si tienes pensamientos que te interrumpen, no importa. Puedes simplemente advertirlos, como si fueran frases que salen de la televisión.

Lo importante es saber que están ahí y sencillamente dejarlos pasar... Siguiendo tu respiración, puedes aguantarla tanto como quieras... O puedes soltarla como sabes, de forma que permita la relajación... Lo has aprendido desde niño... Y sabes cuándo aguantar y cuándo soltar... Aprendiste el balance perfecto cuando aprendiste a respirar como un bebé... Aprendiste a inspirar... Y aguantar lo suficiente para oxigenar todas las células de la sangre... Y aprendiste a soltar... Y sentir salir el aire... Pronto aprendiste a aguantar y cuándo hay que soltar... Y puedes confiar en ti mismo para encontrar lo que necesitas en ti....

Y ahora estás sintiendo una especie de pesadez en los párpados... Deja que se cierren bien... Sientes esa pesadez en tu mandíbula... En tus brazos y manos... Sientes que no puedes mover las manos... Sientes como si tuvieras un peso en tus piernas y en tus pies... Como si no pudieras mover las piernas... O puedes sentir lo contrario, como si tu cuerpo entero estuviera flotando... Como si tus manos y tus brazos fueran plumas... Sabes lo que sientes, pesadez o ligereza... Y sea lo que sea, es bueno para ti...

Ahora imagina o recuerda la casa en la que vivía tu familia cuando naciste... Imagina la habitación donde dormías después de tu nacimiento... Mira al bebé tan guapo que eras... Escucha tu voz con tus gorjeos, llantos, risas... Imagina que puedes coger tu mimoso pequeño yo... Estás ahí como un mago sabio y bondadoso... Estás viendo tu propia infancia...

¿Quién más esta ahí...? ¿Tu mamá...? ¿Tu papá...? ¿Qué se siente al haber nacido en esta casa para esta gente...? Ahora imagina que tú eres ese precioso bebe que está viendo todo esto desde fuera... Mira a tu persona adulta... Mírate como una persona mágica, un mago, o como tú mismo... Siente la presencia de alguien que te quiere...

Ahora imagina que tu yo adulto te coge y te aúpa... Escucha cariñosamente decirte las siguientes afirmaciones...

Al grabar esta parte, deja una pausa de 10-20 segundos entre cada una de las siguientes frases. Una vez que las hayas oído todas, deja que tu ser infantil sienta las emociones que surjan durante unos dos minutos, sin detener la grabación, para después continuar con la meditación.

Me alegro de que estés aquí.

Bienvenido al mundo, he estado esperándote.

Me gustas tal como eres.

He preparado un sitio especial para que vivas en él.

No te dejaré, por ninguna razón.

Tus necesidades me parecen bien.

Te daré todo el tiempo que necesites para que consigas satisfacer tus necesidades.

Me alegra que seas un niño (o una niña).

Quiero cuidar de ti y estoy preparado para ello.

Me gusta darte de comer, bañarte, cambiarte y pasar el tiempo contigo.

Nunca ha habido en todo el mundo otro como tú.

Dios sonrió cuando naciste.

Pequeño (di tu nombre), *me encanta verte crecer.*

Estaré a tu lado para que compruebes tus barreras y descubras tus límites.

Está bien que pienses por ti mismo, puedes pensar en tus sentimientos y tener sentimientos sobre lo que estás pensando.

Me gusta tu energía vital, me gusta tu curiosidad por el sexo.

Está bien que descubras la diferencia entre niños y niñas.

Estableceré límites para ayudarte a descubrir quién eres.

Me gustas tal como eres, pequeño (di tu nombre).

Está bien que seas diferente, que tengas tus propios puntos de vista acerca de las cosas.

Está bien imaginar cosas sin temer que se conviertan en realidad, te enseñaré a separar la fantasía de lo real.

Está bien que llores, aunque te estés haciendo mayor.

Es bueno para ti descubrir las consecuencias de tu comportamiento.

Puedes pedir lo que quieras.

Puedes preguntar si dudas de algo.

No eres responsable del matrimonio de tus padres, no eres responsable de tu madre, no eres responsable de tu padre, no eres responsable de los problemas de tus padres, ni de los problemas familiares.

Está bien que averigües quién eres.

Ahora, permite que tu adulto te deje en el suelo... Escucha cómo te asegura que nunca te abandonará... Y que, de ahora en adelante, siempre estará a tu disposición...

Ahora te conviertes en tu yo adulto otra vez... Observa a tu pequeño y precioso ser... Date cuenta de que lo has recobrado... Siente la sensación de esa vuelta a casa.... Ese bebé es deseado, amado y nunca volverá a estar solo otra vez...

Si sientes que quieres abrazar a tu adulto, hazlo... Al abrazarlo, siéntete a ti mismo siendo tu ser adulto otra vez... Coge en brazos a tu pequeño yo... Hazte la promesa de amar a esta parte tuya, curiosa, despreocupada y aventurera. Dile al niño: «Nunca te abandonaré... Estaré siempre a tu lado...». Sé consciente de que acabas de recuperar a tu yo que empieza a andar...

Siente la sensación de volver a casa... Tu pequeño yo es amado, deseado, y nunca más será abandonado...

Piensa en el número tres mientras expulsas el aire... Míralo, píntalo con el dedo o escucha «tres» en tu mente... Ahora el número dos... Ahora el uno... Ahora ves que el uno se convierte en una puerta... Abres la puerta y entras en un largo corredor con puertas a los lados... A tu izquierda hay una puerta en la que pone: «Año pasado»... Abre la puerta y mira adentro...

Ves una escena agradable del año pasado... Cierra esa puerta y dirígete a la de la derecha... Abres la puerta y ves a tu adolescente allí de pie. Abrázalo.

Dile que sabes por lo que ha tenido que pasar... Dile que es hora de que deje el hogar y que estás a su lado para apoyarlo... Dile que debéis ir juntos y recoger las otras partes de ti mismo: tu recién nacido, en sus primeros pasos, en edad preescolar y escolar...

Junto con tu adolescente, camina hasta el final del corredor y abre la puerta... Miras en el interior y ves la primera casa donde vivías que recuerdas... Entra en ella y busca la habitación donde

112

reside tu yo recién nacido... Haz que tu adolescente lo coja en brazos...

Ahora regresa al corredor y abre la primera puerta a tu izquierda, verás a tu yo que ya empieza a caminar... Cógelo de la mano y regresa al corredor... Abre la puerta de la derecha y verás a tu yo en edad preescolar... Obsérvalo... ¿Qué lleva puesto...? Lo coges de la mano y sales de la habitación. Ahora encuentras a tu yo en edad escolar... ¿Cómo va vestido...? Pídele que coja a tu adolescente de la mano y salid de la casa...

Ahora estás al lado de tu yo adolescente... ¿Quién tiene a tu yo recién nacido...? Tu yo en edad escolar está cogido del brazo de tu adolescente... Tú llevas de la mano a tu yo que empieza a andar y a tu preescolar...

Ahora, ves cómo tu recién nacido se convierte en tu yo en los primeros pasos... Ahora este se convierte en tu yo preescolar... Ahora tu preescolar se convierte en tu yo en edad escolar... Y este se convierte en tu yo adolescente... Tú y tu adolescente permanecéis uno al lado del otro...

Ahora ves a tus padres salir de la casa donde vivías cuando eras un adolescente... Les decís adiós... Diles que todos vosotros os marcháis ahora... Diles que sabes que han hecho por ti todo lo que han podido... Míralos como las personas heridas que son en realidad... Perdónalos por abandonarte... Diles que a partir de ahora vas a cuidar de ti mismo...

Empieza a alejarte de la casa... Sigue mirando por encima del hombro... Mira cómo se van haciendo cada vez más pequeños... Hasta que están fuera del alcance de la vista... Miras hacia delante y ves que tu pareja, amigos, compañeros, Dios, también están ahí... Abrázalos a todos, sabes que tienes un apoyo... Que no estás solo... Sabes que tienes o puedes crear una nueva familia de afiliación...

Ahora deja que tu adolescente se convierta en ti... Escoge una edad de la infancia y mira al niño que llevas dentro a esa edad... Dile que lo defenderás... Que serás su nuevo padre y su nueva madre, alentador y cariñoso... Dile que sabes mejor que nadie lo que ha tenido que pasar, las angustias y padecimientos que ha sufrido... Dile que de todas las personas que conozca, tú serás la única que jamás perderá... Asegúrale que le dedicarás tu tiempo y que pasarás un rato con él todos los días... Dile que lo amas de todo corazón...

Sigue avanzando en el tiempo hasta tu primera vida adulta... Ves a la casa en la que vives ahora... Ves a tu habitación... Sé consciente del lugar en que te encuentras ahora... Siente las puntas de tus pies... Muévelos... Siente la energía subir por tus piernas... Siente la energía en tu pecho al inhalar profundamente... Haz ruido al exhalar... Siente la energía subir por tus piernas... Siente la energía en tu pecho al inhalar profundamente... Haz ruido al exhalar... Siente la energía en tus brazos y dedos... Agita los dedos... Siente la energía en tus hombros, cuello y mandíbula... Estira los brazos... Siente que estás presente, el cuerpo y la mente consciente, vuelve del todo a tu conciencia normal... Y abre los ojos.

Fin de la meditación.

CAPÍTULO V

DIARIO 5

Jueves

Parece que estoy mejor, aunque haya momentos en el día que me veo mal y agobiado. Pienso mucho en las pastillas, que ahora estoy bien por ellas. El día que las deje ya se verá. Pero bueno, mejor estoy.

Viernes

Siento un malestar continuo. Quiero pensar que es por el mono de la pastilla, porque si pienso que estoy mal es peor. Solo tengo ganas de dormir, o de resetearme y despertarme de este estado de «stand by». No tengo esa ansiedad como antes, pero tengo apatía, sin ganas de nada.

Sábado

Al despertarme estaba muy nervioso y desubicado, no tomé la pastilla por la noche. Pero al levantarme y al ver mi vida normal se me fue ese nerviosismo. Tengo ilusión por hacer cosas, ahora voy a abrir una discoteca en Santiago. Mi madre dice que estoy loco, que no paro de pensar en montar negocios, pero eso a mí me gusta, me distrae, me divierte, me ilusiona.

Domingo

Bastante bien, no del todo tranquilo. Tengo aún la mosca detrás de la oreja, por si me pongo mal o tengo una recaída. Será falta de confianza o autoestima baja. Del resto bien, tengo una sensación normal, disfruto de las cosas, pienso en el futuro sin ponerme nervioso.

Lunes

En el momento presente estoy bien, pero, cuando pienso en que mañana me tengo que levantar, me entra una cosa como sin ganas, como si no me apeteciera hacer nada. Estoy un poco desenganchado de la vida. De mi vida. En otro mundo. Algo distraído.

Martes

Cansado, a la noche estuve bastante angustiado. Será por el estrés porque voy a abrir una discoteca y ando liado. Y porque también dejé de tomar las pastillas. A veces no puedo controlar ese descontrol de ansiedad.

Miércoles

Me levanté bien. Fui a trabajar. A mediodía me entró un adormecimiento y a la noche esto fue más fuerte. Me entró como un cansancio repentino tan fuerte que parece que estuviera en un sueño. Como si me fuera a dar un ataque de ansiedad. Será tanto estrés y tantas vueltas que le doy a la cabeza. No le doy tregua, no descanso con tanto pensamiento y discurrir cosas. Pensar en todo.

Jueves

Estoy muy nervioso y tengo una sensación de que me va a pasar algo en cualquier momento, y estoy muy cansado, como si tuviera una gripe muy fuerte. Tengo ganas de hacer cosas, pero es como si dentro de mi cabeza el cerebro estuviera a mil por hora y no logro centrarme y calmarme. Todos mis pensamientos son de cosas que tienen que ser y hacerse rápido para que al acabar yo esté bien.

REFLEXIÓN 5

El hecho de tener ambición en la vida es algo muy positivo.

Yo siempre he sido una persona que cada día tenía en mente dedicarme a una cosa. El 99,9 % de ellas se quedaban en pensamientos, pero solo con pensar en ello me creaba ilusión.

Pensaba cómo sería dedicarme a eso, o abrir una tienda de algo. Me montaba la película mentalmente y, al hacerlo, me ilusionaba yo mismo, aunque sabía que al cabo de una semana se esfumaría de mi mente. Pero sabía que tendría otra idea para volver a ilusionarme.

Si no sabes cómo hacer esto, piensa que estás andando por un camino que te conduce al final de tu enfermedad y que encontrarás tu nueva vida.

Cada cosa que hagas, cada momento del día que realices una actividad, piensa que es para poder llegar a lo que quieres, es decir, superar tu depresión. Esa es la meta. Ten siempre una meta en tu vida. De momento, esa es la tuya.

Cuando llegues, buscarás otra, pero en este instante tendrás esa. Confía ciegamente en que eso se hará realidad, interioriza ese pensamiento, dite a ti mismo que esto lo vas a superar, que volverás a ser la persona que eras antes. Quizás no sabes aún cómo lo lograrás, pero estoy seguro de que con esa confianza las respuestas vendrán a ti en forma de ¿libro?, o quizás alguien te hable de algún médico, terapeuta, etcétera.

Lo importante es que confíes en que esto va a pasar.

Pero no hables de tu enfermedad todo el tiempo, ten en cuenta que, cuanto más hables o más pienses en ella, peor te vas a encontrar.

Intenta hablar de otras cosas, aunque no te interesen. De esta forma distraerás a tu mente. Ni tampoco escuches ni busques nada relacionado con la depresión. Olvida el tema, haz como si no le dieses importancia, como si supieses firmemente que dentro de poco formará parte de tu pasado. Por eso estás dejando que pase.

Seguro que alguien de tu entorno está pasando por lo mismo. No le pidas consejo a menos que ya la haya superado, porque si está aún sufriendo no te va a ayudar en nada. Escuchar los mensajes negativos sobre la enfermedad no te sirve de nada.

Otra de las cosas que recuerdo que hacía mal era el pensar todo el día. Lo malo no es pensar, sino pensar mal. Pensar mucho genera estrés, pero si dejas que la mente piense no es malo. Una cosa es que la mente piense por sí sola y otra es involucrarte en sus pensamientos y vivirlos como si fueran propios. Igual es algo difícil de entender, pero te lo explicaré.

Muchas veces, estás viendo la tele o leyendo un libro, en teoría estás centrado en eso, pero lo más probable es que tengas tu cabeza en otro sitio, con tus historias y tus pensamientos, y en un momento dado parece que has desconectado de todo lo que haces y estás en otro mundo, centrado en ese pensamiento que te ha *atrapado.*

Bien, eso es involucrarse en tu pensamiento, y hacer eso todo el día cansa mucho y puede provocar estrés.

Lo que tienes que hacer es dejar a tu mente que piense todo lo que quiera, que le dé vueltas a todos los pensamientos que tiene dentro.

Pero en el momento que intente involucrarte en alguno de ellos, intenta ser consciente de ello y evalúa si te interesa o no. Si es algo positivo, perfecto. Pero si es algo negativo, dile que no quieres, que pasas, que esperas por otro pensamiento. Pero díselo de verdad, con la conversación íntima de tu *yo interior.* Dile a tu mente que ahora no quieres, que solo cuando mande algo positivo o que te interese lo harás. Esto es increíblemente efectivo. Con esto lograrás tener el control sobre tu mente. Practícalo.

El estrés puede causar muchos de los síntomas que padeces, incluso puede ser el culpable de una depresión. Suele ser causado por cualquier situación o pensamiento que te haga sentir mal, furioso o frustrado. Si crees que tu vida diaria es estresante porque trabajas mucho, o por cualquier otra situación que lleve a sentirte agotado o te lleva a un estado que afecta negativamente a tu equilibrio personal, plantéate realizar un cambio.

Yo dejé de trabajar por las tardes. Trabajaba ocho horas y me sentía mal en el trabajo. Quería tener tiempo para pasear, o simplemente para estar en casa tranquilo. Hablé con mis jefes y les dije que me gustaría trabajar solo por las mañanas, cuatro horas. Me dijeron que no había ningún problema. Y desde ese momento el estrés se redujo, porque cambié por relajación cuatro horas de estrés por las tardes. Son cambios por tu salud, porque tu salud es lo primero. Tú eres la prioridad de tu vida, no tu trabajo ni cualquier otra cosa. Tienes que pensar en ti. Tú eres el que vive tu vida, el que sufre y disfruta día a día, y si está en tus manos poder sentirte mejor, ¿cuál es el problema?

Yo te recomiendo que, a partir de hoy, dejes de ver la tele, oír la radio y leer los periódicos, porque solo hay desastres y noticias negativas. Lo que consiguen es tenerte en un estado de alerta constante, de miedo. Piensa en un momento en que hablas con tu familia cuando te reúnes a comer, o cuando quedas con tus amigos a tomar algo, seguro que hablas del accidente de avión que hubo hoy, del asesinato que hubo ayer, de la crisis, etcétera. Pensarás que, si no las ves, no te enteras de lo que pasa, pero ¿acaso importa? A no ser que seas periodista o tu trabajo u hobby tenga relación con eso, creo que puedes vivir completamente alejado de este tipo de noticias, más aún en tu estado actual. Preocúpate por tus problemas, tus amigos y familia.

Tienes que comenzar a liberarte de todo lo que no es saludable para ti, y esto implica situaciones, personas, trabajos, cosas. Esto no es ser egoísta, esto es amor propio hacia ti mismo, porque la persona más importante de tu vida, ¿quien es? Tú, nadie más que tú.

El día que comprendas esto y lo interiorices, lograrás vivir sin apegos ni ataduras, y el resultado de vivir así es ser libre y feliz.

EJERCICIO 5

Subir tu frecuencia

La frecuencia de vibración de las ondas tiene mucho que ver con nosotros porque, aunque te suene raro, nosotros somos ondas. De hecho, todo el universo son ondas.

Este es uno de los grandes y fascinantes descubrimientos de la ciencia del último siglo. El universo donde vivimos está formado por partículas diminutas llamadas *quarks* y electrones, y estas partículas se comportan como ondas.

A un nivel profundo, somos ondas. Y, como todas las ondas, tenemos una frecuencia de vibración. Cada uno la suya.

Una vez tenemos claro el concepto de *frecuencia de vibración,* y también que todo el universo son ondas que están vibrando, ya podemos plantearnos por qué es positivo que la frecuencia vibratoria aumente.

El primer motivo es que, cuanto mayor es la frecuencia vibratoria del universo, mayor es su diversidad y riqueza. Cuanto mayor es la de vibración del universo, más vida hay.

Cuando dos personas se encuentran entra en juego la ley física de resonancia. Estoy seguro de que, en más de un ocasión, has escuchado a alguien decir, o tú mismo has dicho: «No me gusta la energía de David» o «Aquella persona tiene mala vibración».

Tiene su lógica. Todo tiene una resonancia energética, una frecuencia, y al estar en contacto con otras personas, lugares, animales, etcétera, nuestras energías interactúan sin necesidad de hablar. ¿No te ha pasado que se te remueve el estómago con algún familiar solo de verlo? ¿O algún amigo te levanta dolor de cabeza cuando hablas con él y al despedirte parece que el dolor se va? ¿O si alguien con quien estás hablando está muy nervioso, al cabo de un rato tienes la sensación de estar nervioso tú también?

Cada persona tiene un cuerpo energético y siete *chakras* que componen nuestra consciencia y nuestro sistema nervioso, ya que los *chakras* no son físicos. Son aspectos de nuestra conciencia, como las auras. Cada uno de los *chakras* está unido por un canal energético que corre a lo largo de la espina dorsal. Podríamos hablar largo y tendido sobre ellos, pero no me quiero extender, puesto que sería mucha teoría. Eso lo dejo para ti, si quieres investigar más acerca de ellos.

Entonces, cada vez que dos cuerpos se relacionan se produce una interacción energética entre ellos. Esto es así aunque tú no sientas ni veas nada, esta resonancia hace que a través de los *chakras* te conectes, sobre todo por el plexo solar, que es el *chakra* por donde nos conectamos con todas las personas a nivel emocional. Creamos lazos, como un cordón invisible. De hecho, en el vientre de tu madre vives y estás conectado a ella a través del cordón umbilical *(chakra* del plexo solar) y por eso necesitamos que esté bien equilibrado y fuerte, dado que si está bloqueado puede provocarnos tensión, nerviosismo, y esto son ondas/frecuencias bajas.

Existen muchas meditaciones para equilibrar los *chakras,* hoy en día es fácil conseguir una en internet, la puedes oír una vez al día o dos, yo la suelo oír a la mañana y a la noche. Son audios con mantras, una palabra repetida varias veces que tiene una relación directa con la energía del *chakra* que estamos equilibrando. La gente suele tener los *chakras* bloqueados y esto hace que su salud emocional se resienta.

¿Cómo es esto? Nuestros pensamientos son energía vibrando a una frecuencia específica. Cuando tienes un pensamiento, lo envías al universo, este va recorriendo su camino buscando gente y situaciones que tengan su misma vibración. Lo semejante atrae lo semejante. Entonces, ese pensamiento regresa a ti, trayendo tu pensamiento original junto con todos los amigos que ha recogido por el mundo.

¿Sorprendido? Considera entonces que, si envías pensamientos negativos al exterior, ellos regresarán a ti multiplicados. Lo contrario ocurre también, si envías pensamientos con una carga positiva, eso será lo que recibirás de vuelta.

La clave está en pensar y actuar desde un plano más elevado de tu conciencia y relacionarte con personas cuya vibración, incluso, sea más alta que la tuya.

Una vez que hayas logrado elevar tu energía, verás cómo atraes personas con tu misma frecuencia vibratoria y cómo, de igual manera, se van apartando aquellas que solo aportan negatividad a tu vida. Sin embargo, ten presente que las actitudes negativas de otras personas te pueden afectar solo si tú lo permites.

Aquello en lo que fijamos nuestra atención y pensamientos es lo que determina nuestro nivel de energía.

Ahora mismo, es muy probable que estés en baja frecuencia, dado que estás deprimido. Lo primero es poner en práctica todos los ejercicios del libro, para liberarte de posibles conflictos internos que te hacen estar viviendo en esa frecuencia, y con todos los nuevos hábitos de vida que te voy a proponer estoy seguro de que habrá un cambio a mejor en tu estado emocional. Pero recuerda que esto es un camino largo. Ahora tu camino está siendo difícil, una vez que logres que tu camino sea más fácil, hay que mantener un estado de claridad mental, físico, emocional y espiritual, y eso se consigue con disciplina. Viendo los resultados, estoy convencido de que no te costará nada implantar todos estos nuevos hábitos en tu vida.

¿Crees que es casualidad que la gente en verano, cuando tiene vacaciones, va menos al médico? Su frecuencia vibracional sube, ya que su mente se relaja. No hay preocupaciones y el entorno también suele ser de vibración alta. Yo recuerdo que, de joven, cuando tenía vacaciones y me iba con mis padres en verano a la playa, la gente no miraba el reloj, solo se preocupaban de disfrutar su tiempo, y justo dos o tres días antes de terminar las vacaciones comenzaba esa sensación que parte de pensamientos como: «Ya se acaban las vacaciones, ahora de vuelta a la rutina», y parece que esos dos últimos días ya no los saboreabas tanto porque ves que es el final. Pues bien, eso es porque ya te estás conectando con la frecuencia de tu día a día, de tu trabajo, de tus compañeros, tu jefe, y si no estás contento con tu vida esa frecuencia es baja y todo lo que va a suceder es que la vida te va a poner delante a gente, situaciones y circunstancias que te confirmen que la vida es un asco, mientras que durante las vacaciones ni te has planteado si algo iba mal, o, por lo menos, te encontraste mejor. Esto es debido a tu estado vibratorio.

Vibrar en frecuencias altas es más saludable para ti, no solo porque vas a vibrar con personas más sanas, alegres, positivas, optimistas, sino que, cuando te encuentres con personas con vibración baja, no te absorberán tanto, dado que tu energía tendrá más fuerza. No obstante, aun así, te recomiendo que evites a esas personas.

Yo vivía en Ourense, una ciudad de Galicia, al noroeste de España, donde ocho meses al año llueve o está nublado con frío y solo dos o tres hace bueno y disfrutamos del sol y la playa. La luz solar es importantísima para obtener vitamina D (existen estudios e investigaciones donde se descubrió que los suplementos de vitamina D reducen la depresión), por eso siempre solía ver fotos de mis vacaciones para levantarme el ánimo. Veía videos de gente en la playa, o la webcam de mi playa favorita en Tenerife, incluso puse un mural en mi habitación con fotos de playas, gente sonriendo, fotos mías de vacaciones, todo para poder conectarme con esa frecuencia de esos días. A nivel subconsciente funciona, parezca tontería o no. Actualmente estoy viviendo en Canarias, ¿casualidad?

Para aumentar tu frecuencia vibratoria, tenemos que elegir pensamientos positivos, escuchar música que te haga sentir feliz y motivado, hacer cosas que te den placer.

Gracias a Damián Alvarez, creador del sistema de sanación Tinerfe, gran terapeuta y autor de muchos libros interesantes, entre ellos *"Interacción y resonancia energética entre los seres humanos"*, *"El plexo solar, el sol de tu vida"* y un largo etcétera, te puedo recomendar que hagas lo que te cuento a continuación.

Protégete de las energías externas con algún símbolo

Yo uso la *antakarana,* puedes imprimirla en pequeño y llevarla en tu cartera, bolso, o un colgante con el símbolo.

Las *hematites* también te protegerán de las energías negativas. Las puedes usar como pulsera en la mano izquierda (llévalas durante el día, ya que su energía puede perturbar tu sueño durante la noche). Si tienes mareos, te recomiendo que utilices una piedra pequeña de hematites en cada bolsillo.

Existen muchos otros símbolos, pero no vamos a profundizar en esto. Solo es algo más que debes saber y sería interesante que lo pusieras en práctica en tu día a día.

Trabajar con estas piedras y minerales en tus *chakras,* se llama cristaloterapia o gemoterapia (originario de la India), y es uno de los métodos en medicina alternativa para ayudar a la prevención y curación a nivel físico, mental, emocional. Cada uno de los *chakras* se pueden equilibrar con una piedra/mineral. En mi caso, usé durante un tiempo (hasta que me encontré mejor) amatista encima del tercer ojo (dos dedos por encima del entrecejo), que es el centro energético que envía energía a la cabeza, cerebro y ojos, durante veinte minutos dos veces al día (al despertarme por la mañana y al acostarme a la noche). La amatista es buena para relajar la mente, aparte de sanar el consciente, de modo que, en casos de estrés, nervios, angustias o miedos, tiene una faceta de calmante y tonificante.

Así pues, todo desequilibrio, disfunción o enfermedad asociado a esas zonas, se debe a un desequilibrio o bloqueo en el *chakra* citado.

Ayuda a tener una mente sana, equilibrada y relajada. Si te duele un día la cabeza pues usa la amatista, si no te duele, pues no la tienes que usar, no es necesario que la uses toda la vida. Sin embargo, la pulsera de hematites sí que te la recomiendo, puesto que es protectora.

Eleva tu frecuencia

Lo puedes hacer meditando. En el libro te muestro un ejercicio de nivel básico para que puedas adentrarte en ese mundo, deberías hacerlo todos los días, aunque solo sean diez minutos.

También puedes practicar yoga o escuchar música de Mozart. Algunos científicos, tras investigar su música, dijeron: «Escuchar a Mozart ayuda a equilibrar las neuronas en la corteza cerebral, aumentando la capacidad cognitiva de las personas, mejorando su estado de ánimo».

Yo escucho Mozart a diario para meditar, o mientras estoy leyendo un libro, en el ordenador, paseando por el parque, la playa, etcétera.

Haz un mural de fotos

Puedes hacer un mural de fotos, como yo hice, es muy fácil. Te voy a explicar cómo se hace.

Primero, tendrás que conseguir un tablón de corcho, puede valer una cartulina, pero mejor será un tablón para poder poner las fotos con chinchetas y que las puedas cambiar cuando lo necesites. Tendrás que colgarlo en un lugar muy visible de tu habitación, donde puedas verlo todos los días.

Hay que dividirlo en dos partes, y en una parte pondrás fotos de tu pasado en las que creas que estabas bien, sea de salud o de alegría, de vacaciones, con amigos, parejas, etcétera. En la otra parte pondrás fotos de cosas que te gustaría conseguir. Yo ponía fotos de playas, gente riendo que veía en revistas, naturaleza, etcétera. Este tablón lo vas a ver todos los días, porque estará en tu habitación.

Incluso puedes hacer un ejercicio de *anclaje,* esto quiere decir que vamos a asociar un gesto corporal con la sensación que nos provoca (buscamos una sensación agradable a través de las fotos), para que, en un momento de nerviosismo, podamos hacer ese mismo gesto y nuestra mente lo asocie a esa sensación. Te explico:

Mientras miras las fotos, centrándote en la sensación que te provoca (tienes que centrarte en alegría, optimismo, ganas de vivir y poder estar bien de salud, superando tu depresión para disfrutar de todo lo que eres y todo lo que te rodea), vas a usar dos dedos de una de tus manos (el pulgar y el índice) para apretar un dedo de la otra mano, y solo lo soltaremos cuando acabemos de mirar todas las fotos del futuro.

Con esto, estamos asociando la acción de apretar el dedo con el momento de visualización de tu tablón, es decir, que cuando no estés en casa y no puedas verlo, aprieta el dedo de la misma forma que lo haces cuando estás enfrente al tablón, y, si puedes, cierra los ojos e intenta ver las fotos con esa misma sensación que tienes cuando las miras.

Es un ejercicio muy interesante, en momentos de nerviosismo lograrás calmar ese estado y con esto lograremos cambiar nuestras imágenes mentales, de negativas a positivas.

Estos anclajes son usados por deportistas para poder activarse y tener esa confianza que necesitan en momentos de bajón físico o mental. Espero que te guste y lo uses a tu gusto.

CAPÍTULO VI

DIARIO 6

Viernes

Me noto desmotivado, descontrolado mentalmente, sin ganas de nada. Con miedo a recaer o con miedo a la propia vida o a la muerte. Una sensación de estar esperando algo y no encontrarlo.

Sábado

A la mañana me levanté bien, pero después de que a la noche me tuviera que tomar media pastilla ansiolítica porque estaba con un ataque de ansiedad. Fui a Santiago y durante el día bien, pero llegan las 7 u 8 y me empiezo a notar ansiedad muy fuerte. Me tomé media pastilla y en media hora estaba mejor.

Domingo

A la mañana me vine de Santiago para casa y al acabar de comer dormí una siesta grande, ¡qué bien me sentó! Necesitaba descanso. Tanto estrés me tenía angustiado. También noto una sensación de infelicidad, no estoy contento, y eso que lo tengo todo. Pero noto algo raro.

Lunes

Me encuentro mejor, pero muy cansado. Necesito dormir. Dormir y descansar, porque llevo unos meses de un lado para otro, estresado.

Martes

Tengo una sensación de incertidumbre, es como si a cada momento mi cerebro me estuviera evaluando si estoy bien o mal.

Miércoles

Me paro mucho a pensar en la vida, el futuro, la muerte, cómo será el mundo cuando no exista. Para qué hago todo lo que hago. Sé que todo tiene su finalidad. Si trabajo es para ganar dinero y poder comer y vivir, pero tengo pensamientos filosóficos abstractos. La verdad es que preferiría no pensar tanto y simplemente vivir y disfrutar cuando toca y sufrir cuando toca. Me imagino que ahora toca estar de bajón, pero épocas mejores vendrán. Lo tengo seguro.

Jueves

Noto que no estoy bien. Lo tengo seguro. Me doy cuenta de que yo mismo me noto raro. Por las tardes tengo bastante angustia, no sé donde meterme. Me intento distraer para ver si puedo esquivar ese momento de bajón. Pero bueno, creo que poco a poco las sustancias en mi cerebro se estabilizarán y seré la persona divertida que siempre fui.

Viernes

A ratos tengo sensación de angustia, de querer irme para casa y tirarme en cama a descansar. Cada vez me agobio más en el trabajo. Creo que no valgo para estar metido en una oficina ocho horas diarias. Aguantaré a ver qué tal paso las Navidades, pero si sigo igual me voy.

Sábado

Bastante bien. Me levanté animado para hacer cosas. Pasé el día bastante tranquilo. No tuve ansiedad. No sé si el trabajo es lo que me la produce, porque los fines de semana es cuando más relajado estoy.

Domingo

Estuve todo el día en casa sin tener sensación de angustia ni necesidad de salir por miedo a agobiarme.

REFLEXIÓN 6

Tienes que entender una cosa. La vida la creas tú con tus pensamientos y con tus sentimientos. Ellos son los que crean todas las experiencias de tu vida. Si te levantas con la idea de que va a ser un día malo, o que vas a sufrir porque no te sientes bien, créeme que va a ser así. No solo te sentirás mal, sino que atraerás a personas y circunstancias que harán de tu día una verdadera pesadilla.

Es como si la vida fuera un espejo, dependiendo como tú estés, en el espejo verás una cosa u otra.

Pues la realidad es igual, si vas por la vida con prisa, crearás circunstancias para perder más tiempo, si vas triste, encontrarás personas tristes o situaciones desagradables.

Una persona o circunstancia te puede hacer mucho daño.

Pero que te afecte, solo depende de ti. Tú eres el encargado de recibir el pensamiento y transformarlo en sensación, así que puedes darle importancia o no, dependiendo de la interpretación que hagas.

La realidad no existe. Tú eres el encargado de crearla. Si te encuentras a una persona conocida en la calle y te empieza a hablar de lo mal que te ve, de que tu enfermedad es muy mala, que no tiene curación, de que seguro que lo estás pasando mal, tienes dos opciones:

-Pensar que tiene razón y centrarte en esa negatividad que trasmite, por lo tanto, afirmar todo lo que dice.

-O puedes pensar que no tiene ni idea, que no sabe cómo animarte, y decirle que ya estás mejor y darle las gracias por preocuparse. De esta forma, pasas completamente de la negatividad que transmite y te centras en lo importante, que eres tú.

No te dejes influenciar por lo negativo, ninguna persona o circunstancia debe ensuciar tu subconsciente.

Cuando seas consciente de que algo que está pasando es negativo, desconecta o márchate.

Así de rotundo.

Por eso es tan importante que pienses en todas las cosas que te agradan, en tu familia, en esas clases de baile que disfrutas, en ese día soleado que te hace sentir bien, en esa chica o chico que te ilusiona. Estas cosas harán que tu mente esté distraída con acontecimientos positivos, porque si piensas en todo lo que no te gusta, o en todo lo negativo, ten por seguro que recibirás mucha negatividad y será muy difícil salir del estado en el cual te encuentras.

¿Sabías que alrededor del 90-95 % de las preocupaciones que tenemos, son por cosas que nunca pasaron?

Estamos todos los días pensando en cosas sobre el futuro: ¿cómo estaré dentro de un mes? Olvídate de pensar en el futuro, ni en el pasado. El pasado ya no vuelve, ni puedes cambiar nada, solo puedes cambiar el futuro, a través de tu presente. Así que no te preocupes por tu futuro, porque lo tienes en tus manos.

Si quieres que tu futuro sea mejor, actúa. Si sigues haciendo lo mismo que hacías antes, te espera un futuro como tu presente.

Pero si quieres cambiar tu futuro, tendrás que cambiar tu presente, tu forma de actuar, tu forma de pensar, tu forma de comer, tu trabajo, tus amigos, todo depende de lo que busques.

Me hace mucha gracia alguno de mis amigos que me dicen:

—No encuentro trabajo, está la cosa difícil.

—¿Qué has hecho para buscar trabajo? —le pregunto.

—De momento, nada —me responde.

Es decir, ¿quieres buscar trabajo y te quedas en casa viendo la tele? Así no vas a conseguir nada.

Otro ejemplo:

Una persona que quiere buscar nuevos amigos. ¿Qué crees que tiene que hacer? Lógicamente, si sales un par de noches no vas a hacer amigos, por lo tanto, debes apuntarte a algún lugar donde haya gente, un gimnasio, una academia de inglés, un local donde practicar yoga.

Es decir, socializar. Quedándote en casa no vas a conseguir nada. Tienes que salir para que surjan las circunstancias. Tienes que crear las circunstancias.

Somos nuestro peor enemigo si no tenemos el control. Si tienes el control de tu vida, tienes el éxito asegurado. El 90 % del éxito es gracias a la actitud que adoptas ante la vida, y si tienes el control sobre tus pensamientos y sobre tus emociones, tu actitud va a ser siempre positiva, de ahí que consigas el éxito en tu vida.

No se puede pretender cambiar tu vida exterior sin cambiar tu interior. Deja de ser tan negativo, utiliza tus sensaciones y tus vivencias para descubrirte a ti mismo y ver el potencial oculto que tienes. Las personas que no luchan son las que antes caen, así que no solo pienses, ¡actúa! Para conseguir el resultado que buscas, tienes que recorrer un camino, hacer un proceso. Tienes el objetivo, sabes el camino, ahora solo debes recorrerlo sin distracciones.

Debes comenzar a sentirte vivo, lucha por todo aquello que quieres, no luches por lo que no quieres. No luches por no querer sufrir, lucha por querer ser feliz.

No justifiques lo que sientes, no justifiques todo lo que te pasa. Si te sientes mal, no busques el porqué, porque te estarás centrando en lo negativo, céntrate en cambiar ese estado. Céntrate en sentirte bien y por qué deberías estar bien.

EJERCICIO 6

Diario: primera parte

Hazte con un cuaderno, al que puedes rebautizar como *Diario hacia la victoria, La senda de la recuperación* o de cualquier otra forma que te guste. Reserva una hoja para cada día de la semana y después divide cada una de ellas de modo que quede de esta manera:

Día de la semana.

Mañana: Ideas, Emociones, Conductas.

Tarde: Ideas, Emociones, Conductas.

Noche: Ideas, Emociones, Conductas.

Vamos a emplear estas hojas para intentar recoger, de forma breve pero con tanto detalle y concreción como nos sea posible, las ideas y emociones que sintamos, así como las conductas que llevemos a cabo.

Un pequeño ejemplo, de una sola línea por tramo del día, sería así:

Domingo 26 de marzo

Mañana

-Ideas: empieza otro día de mierda más.

-Emociones: profunda tristeza.

-Conductas: me volví a meter en la cama al poco de levantarme. Lloré antes de volverme a dormir.

Tarde

-Ideas: no tengo ganas de hacer nada. ¿Para qué esforzarme si nada va a cambiar?

-Emociones: apatía, abulia.

-Conductas: sentarme en el sofá a ver la tele.

144

Noche

-Ideas: he perdido otro día entero sin provecho. Como siempre. No valgo para nada.

-Emociones: abatimiento. Depresión.

-Conductas: comer patatas fritas mientras veía una película.

Se trata de ir captando aquellos pensamientos automáticos que suelen repetirse con frecuencia en nosotros. Lo que sentimos y en qué momentos, así como las reacciones y comportamientos que tenemos a lo largo del día. Intenta detectarlos, ser cada vez más consciente de ellos desde que empiezan a producirse, e intenta establecer la secuencia que nos lleva de unos a otros, como si lo estuvieses observando en otra persona de tu alrededor.

Junto con este ejercicio, puedes escribir una especie de diario, de esta forma te será más fácil identificar esos pensamientos.

Lo que vamos a conseguir con este ejercicio es que recuerdes todos los pensamientos, sentimientos, emociones, tareas y sensaciones que has tenido durante todo el día y los expliques en el diario. Que te abras con tu diario como si estuvieses hablando a tu otro tú, al tú de antes, al tú en perfecto estado. Llevar un diario permite reconocer los pensamientos distorsionados y desarrollar un estilo de pensamiento más positivo.

Explícale todo lo que te pasa, qué has hecho durante todo el día, qué cosas te han distraído y te han sentado mejor, y qué cosas crees que has hecho pero que no han sido de tu agrado, aunque, a lo mejor, te han sentado bien. Cuéntale todo.

Yo hasta contaba el día que cambiaba un cuadro de mi habitación y necesitaba ir a la ferretería porque no tenía tacos para el tornillo.

Si te das cuenta, en esta frase tan tonta puedes ver que hacía cosas que no tenían mucha importancia, pero el mero hecho de tener que salir a comprar el taco me distraía, colocar el cuadro me distraía. Todo para distraer mi mente de posibles pensamientos de ansiedad o depresivos. Me mantenía ocupado, a mí y a mi mente.

1. Pones la fecha en una esquina (por ejemplo, domingo 26-3-2017), para que puedas llevar un control por fechas.

2. El diario lo vas a hacer todas las noches antes de dormir. Te metes en la cama, enciendes la luz y, con calma, escribes: me levanté bien o mal, hice esto, aquello, me sentí mal, tuve sensaciones negativas como esta...

3. Al final de todo escribes un número del 0 al 10 dependiendo de cómo crees que has estado de ánimo ese día. El 0 significará que has estado muy mal, el 10 que has estado muy bien, y el 5, regular.

4. Después de esto pondrás cómo quieres que sea el día siguiente. Por ejemplo: «Mañana quiero levantarme bien, sin sensaciones negativas, sin ansiedad, recuperarme de esto, estar como antes, disfrutar de mi vida, conocer a alguien, conseguir salir de casa sin miedo».

5. Y firmas con la siguiente frase: «Estoy bien. Gracias por mi curación. Me siento de maravilla».

Diario: segunda parte

En nuestra tabla, recogimos las ideas, las emociones y las conductas de un día.

Bien, ahora vamos a intentar determinar en qué orden secuencial se produjeron, la cadena con los eslabones que conformaron nuestro estado en ese momento.

Esto es: ¿estaba acostado cuando empecé a sentirme triste, o me acosté a consecuencia de sentirme triste? ¿La idea de *ser un inútil* surgió antes o después de sentirme abatido?

Puede que, en ocasiones, nos parezca que estas asociaciones se producen simultáneamente, pero, si paramos a analizarnos con detenimiento y atención, veremos que, la mayor parte de las veces, podemos detectar que un factor es consecuencia de otro.

Vamos, pues, a intentar determinar en nuestra tabla el orden en que se sucedieron las ideas, emociones y conductas:

Mañana

-Ideas: empieza otro día de mierda más. 1

-Emociones: profunda tristeza. 2

-Conductas: me volví a meter en la cama al poco de levantarme. Lloré antes de volverme a dormir. 3

Tarde

-Ideas: no tengo ganas de hacer nada. ¿Para qué esforzarme si nada va a cambiar? 2

-Emociones: apatía, abulia. 3

-Conductas: sentarme en el sofá a ver la tele. 1

Noche

-Ideas: he perdido otro día entero sin provecho. Como siempre. No valgo para nada. 3

-Emociones: abatimiento. Depresión. 1

-Conductas: comer patatas fritas mientras veía una película. 2

La clave está en afinar nuestra atención sobre nosotros mismos, en ser capaces de determinar en cualquier momento qué tipo de emoción estamos sintiendo, qué ideas están activas en nuestra mente (muchas veces, de un modo subconsciente).

Hazte preguntas cada cierto tiempo. Aquí van algunos ejemplos: ¿qué estoy pensando ahora mismo? ¿Qué tema me preocupa, a qué le estoy dando vueltas? ¿Cómo me siento? ¿Qué tono en el ánimo me embarga ahora: positivo, negativo, o más bien neutro? ¿Qué estoy haciendo concretamente ahora mismo con mi tiempo? ¿Es lo mejor a lo que me puedo dedicar? ¿Nada más provechoso y enriquecedor?

Practica y practica, incansablemente, día tras día. Ya en sí misma, esta es una nueva forma de pensar, de vernos a nosotros mismos en nuestra relación con el mundo. Antes de que te des cuenta, verás los efectos tan positivos que tiene sobre ti: lo que antes era una tarde entera de tristeza y autocompasión, ahora puede limitarse a unos minutos, justo antes de que empieces a hacerte esas preguntas.

¡Compruébalo por ti mismo! ¡Funciona!

Cuando tengas rellenas unas cuantas hojas (dos o tres semanas), es posible que veas también, más claramente que nunca, hasta qué punto te has movido por patrones fijos que se repiten. ¡Detéctalos! A veces esas rutinas llegan a extremos increíbles. ¡Puede que todas las tardes estemos haciendo lo mismo y, por lo tanto, sintiéndonos igual en consecuencia!

Ahora, vamos a introducir unos pequeños cambios, alternativas en esos patrones, tanto en ideas como en conductas.

Mañana

-Ideas: empieza otro día de mierda más.

Cambiar por: voy a intentar aprovechar bien este día que, como todos, es un regalo que me ha concedido la vida.

-Emociones: profunda tristeza.

-Conductas: me volví a meter en la cama al poco de levantarme. Lloré antes de volverme a dormir.

Cambiar por: desayuné bien y me fui a dar un largo paseo.

Tarde

-Ideas: no tengo ganas de hacer nada. ¿Para qué esforzarme si nada va a cambiar?

Cambiar por: ¿cómo puedo saber con tanta rotundidad que nada va a cambiar? ¿Acaso puedo predecir el futuro? Si no hago nada, entonces claro que es seguro que todo sigue igual, pero porque no lo intento siquiera.

-Emociones: apatía, abulia.

-Conductas: sentarme en el sofá a ver la tele.

Cambiar por: llamé a mi amigo y lo invité a un café: hablamos y nos echamos unas buenas risas.

Noche

-Ideas: he perdido otro día entero sin provecho. Como siempre. No valgo para nada.

Cambiar por: hoy ha sido un día divertido, me lo he pasado bien con un amigo. Y claro que sé hacer muchas cosas, incluso algunas de las que aún no soy consciente, por no haberlas practicado.

-Emociones: abatimiento. Depresión.

-Conductas: comer patatas fritas mientras veía una película.

Cambiar por: me fui a leer un libro sobre ese tema que tanto me atrae.

Cuando uno empieza a practicar habitualmente este ejercicio, la propia vida de uno empieza a cambiar, la depresión empieza a remitir. ¡Porque hemos empezado a cambiar nuestra propia forma de ser hasta ahora! Claro que no será un cambio de la noche a la mañana, pero persevera, no abandones: introduce cambios, por livianos que sean, en esos patrones que tan claramente aparecen en el papel día tras día.

Poco a poco, te empezarás a sentir progresivamente mejor, dueño de ti mismo y del ritmo de tu propia vida. Porque, en definitiva: ¡nosotros escribimos el futuro!

CAPÍTULO VII

DIARIO 7

Martes

Durante el día tengo varias fases de estado de ánimo. Normalmente, cuando me acuesto parece que estoy más tranquilo. A mediodía o por la tarde, al salir de trabajar, es cuando más alterado o nervioso estoy, igual es por estar en el trabajo todo el tiempo sentado haciendo lo mismo, que cuando salgo me noto raro. Creo que necesito hacer cosas para sentirme bien. Algún deporte, ejercicio o algo, para que no sea todo trabajo-casa-trabajo. Algo que pueda pensar en ese día: voy a hacer algo distinto y voy a estar a gusto. En cuanto a mi cabeza, pues va más o menos, me parece que voy por buen camino, no pensando tanto en mis sensaciones y dejando que fluyan simplemente mientras hago mis cosas diarias. Sí que noto como si mi cabeza estuviera a veces en un estado de alerta máxima que parece que va a saltar en cualquier momento, sintiéndome nervioso y algo dudoso sobre mi estado actual.

Miércoles

No tengo ganas de hacer nada. Me cuesta empezar a hacer algo, una vez que lo empiezo, ya no tengo tanta pereza. Tengo sensación de estar pero no estar, es decir, parece que estuviera mi cuerpo pero mi mente aún fuera por otro lado ella sola. Estoy algo perdido, pero quiero pensar que con el tiempo todo volverá a ponerse en su sitio. Pero llevo ya tres o cuatro meses diciendo lo mismo.

Jueves

Parece que me voy encontrando mejor. Poco a poco, y a momentos, me voy notando de alguna manera más tranquilo, y con sensación de descanso, sin estrés ni pensando siempre en cómo estoy ni cómo es el sentimiento que tengo en ese momento. Durante el día tengo varias fases: tranquila, buena, nerviosa y negativa, optimista, pesimista... Parece que poco a poco mi mente imagino que volverá a centrarse y no pensar en las cosas negativas. Tengo una sensación como de tener que descansar.

Viernes

Hoy me encontré bastante mejor. Con ganas de hacer cosas e incluso de pensar en cosas que antes no pensaba, puesto que tenía poca ilusión para pensar en ellas o para realizarlas. La verdad es que me estoy intentando tomar el día a día, el trabajo, con calma, sin tensión, poco a poco, sin tomarme las cosas tan a pecho, y de momento parece que voy mejor. Es mi primer 6 en la barra de estado de ánimo. Algo mejor tendré que estar para ponerlo, ¿no?

Sábado

Hoy tuve una boda, se me pasó el día rápido porque no tuve, que digamos, momentos de agobio o estrés, o de sentirme con angustia. Aunque a veces sí que noto que aún me falta algo para llegar a un punto exacto de bienestar. Lo que temo también es la hora de empezar a bajar las medicinas. Si me va a sentar mal, si tendré mono.

Domingo

Estoy bastante más estable, psicológicamente hablando. Aún tengo esa sensación de estar cansado o dormido, y de tener ganas de descansar. Tengo algo confusas las ideas del futuro, pero poco a poco parece que las cosas tendrán que ponerse bien y tener la ilusión de las cosas que pretenda hacer en el futuro.

Lunes

Creo que voy poco a poco, pero me parece que estoy en el buen camino. Aunque en momentos del día pienso que no estoy a gusto con lo que estoy viviendo o haciendo. Quizá soy una mente inquieta y parece que necesitara algo distinto cada época o cada temporada y, a lo mejor, eso me afecta, viendo que cada semana hago lo mismo en mi trabajo. Quizás me entra la rutina y eso no me gusta. Pero poco a poco habrá que ir decidiendo cosas. No tengo por qué volverme loco y hacer cambios de repente, porque, quizás, ahora tengo esta sensación porque estoy algo bajo y no hay que precipitarse.

Martes

Comencé el día tranquilo, pero acabé bastante nervioso y con dolor de cabeza. Puede ser de los nervios, porque mañana tengo examen práctico del carnet de moto. Aunque el solo hecho de pensar que mañana tengo que pasar otro día esperando estar bien al 100 % me agobia. Al mediodía me entra un cansancio muy grande. Me tiraría a dormir, pero a la noche tardo en dormirme. Entre el cansancio y el dolor de cabeza me cuesta dormirme.

REFLEXIÓN 7

No sé si hasta ahora te estás identificando conmigo, si lo que lees en mi diario es también lo que te pasa por tu cabeza. Pero sea así o no, lo que trato de hacerte ver es que lo que necesitas para llegar a tu destino es ir paso a paso. De la noche a la mañana no se construyen edificios. Requieren muchos pasos a seguir. Por eso es importante que todos los días realices una serie de tareas casi insignificantes, que producirán unos hábitos positivos en ti, consiguiendo unos resultados sorprendentes.

No busques el ayer ni el mañana, busca el hoy para poder disfrutar del mañana. A partir de hoy, vive cada momento como si fuese la última oportunidad que tendrás para hacer algo. Porque, de hecho, nunca volverás a vivir ese momento. Quizás otro día sí, pero ese momento se irá y lo estás perdiendo. Nunca tendremos una segunda oportunidad de vivir la vida que tenemos. No dejes que la vida pase por tu lado. Aprovéchala, disfrútala. Porque el día menos pensado, serás un anciano y te arrepentirás de no haberle plantado cara a muchas cosas y haber podido vivir tu vida de otra manera.

Recuerdo que, cuando estaba mal, a veces soñaba con poder avanzar en el tiempo y trasladarme a la época en la cual ya me había curado. No me importaba cuánto tiempo fuera, si con ello ya me podría desprender de ese infierno en el que vivía. No me importaba el presente, solo el futuro, y me olvidaba de lo básico, EL PRESENTE. Si crees que mañana estarás mejor que hoy, nunca disfrutarás. Tienes que sacar algo positivo del día a día. Tienes que saborear los momentos de tu vida. Si no, vivirás tú presente soñando con el futuro, y el futuro seguirá siendo un sueño toda tu vida hasta que te mueras.

No importa que estés pasando una época mala, ni que cada día para ti sea un infierno. Tienes que buscar cosas y situaciones que te gustan, ¿a que no has dejado de respirar? Porque es necesario para vivir. Por lo tanto, debes buscar, ver, hacer, hablar y oír, sobre todo, lo que te gusta. El hecho de que estés mal no implica que tengas que estar todo el día recordándotelo. Si te gusta ir de compras, vete de compras.

Si te gusta ir a la playa, vete a la playa. Si te gusta ir al cine, vete al cine. Si te gusta comer, come. Haz todo lo que te apetezca hacer.

Tú sabes las cosas que te hacen sentir bien, pues recurre a ellas. Pero sé consciente de ello, focaliza toda tu atención en lo que haces, no estés solo presente con tu cuerpo y que tu mente esté en otro lado. Olvídate por un instante de todos tus pensamientos y céntrate en lo que haces, de esta forma entrarás en contacto con tu presente y conseguirás controlar a tu mente. Si no la diriges, trabajará por su cuenta, y los resultados no serán nada buenos.

Tienes que empezar a hacer algo, aunque no te agrade mucho. Si no te agrada nada, empieza por lo que menos te desagrada. Esto te lo digo porque el cuerpo y la mente se acostumbran a la rutina que le impones, y si sigues no haciendo nada, morirás sin haber hecho algo. Intenta hacer algo, no importa qué. A lo mejor hacer algo te lleva a descubrir otras cosas por las que sí te sentirás atraído, pero, si no experimentas, nada pasará. Como dice el refrán, todo empieza por querer y se consigue por seguir queriendo. Estoy seguro de que encontrarás un *querer hacer algo*. Pero mientras, no malacostumbres a tu organismo. Apuesto que, si te mueves, no tardarás en encontrar algo interesante.

A mí me encanta el momento de la noche cuando me meto en cama. Lo disfruto de tal manera que a veces hasta tarareo una canción de lo contento que me pongo por estar tan a gusto en cama y saber que voy a descansar. Así que puedes empezar por disfrutar de no hacer nada. Y dejar de sentirte culpable por eso. Quédate en casa un día acostado sin levantarte y no hagas absolutamente nada. Solo disfrutando el momento, con todos tus sentidos. Vas a ver cómo, poco a poco, le encuentras sabor a todo, empiezas a sensibilizarte. Si estás bajo un rayo de sol, disfruta el calor, y si ves una flor, fíjate en su color y en su forma y admírala. Admira el color del cielo, el olor de tu comida favorita. En pocas palabras, vive el presente.

Hoy comenzarás a darte cuenta de que lo importante eres tú, por lo tanto, haz cosas que te gusten. ¿Para qué vas a hacer cosas que te disgustan? ¡No tiene lógica! Vivirás un infierno si decides dejarte llevar por la corriente, pero nada a tu estilo, muchas veces a contracorriente. Es la única solución para ser feliz, hacer lo que quieres, no lo que quieren o esperan los demás que hagas.

EJERCICIO 7

Meditación

En este capítulo, vamos a adentrarnos en el mundo de la meditación, pero tranquilo, va a ser un ejercicio muy básico para que puedas, poco a poco, ir cogiendo el ritmo a esta gran herramienta. Quiero dar las gracias a Maite Diezma, que fue quien me enseñó a meditar y es una gran amiga.

No te voy a explicar cómo meditaba Buda, ni vas a aprender a levitar ni a hacer viajes astrales. Eso ya serás tú el que decida si quiere o no profundizar en este tema, buscando más información o especializándote haciendo algún curso o apuntándote a grupos de meditación.

Lo que aquí te voy a enseñar es como un *curso básico de meditación* con el podrás calmar tu mente, para poder ir adentrándonos en ejercicios más difíciles.

Te enseñare tres puntos básicos: la postura, la respiración y el estado mental idóneo. Vamos a la práctica.

La postura: cada uno debe de colocarse de la manera que esté más cómodo, aunque yo, para empezar, recomiendo hacerlo sentado, por ejemplo, en una silla, sofá o cama, con los pies en el suelo, rodillas separadas, espalda recta y manos encima de las rodillas, palmas hacia abajo si estás bien de energía o palmas hacia arriba si estás de bajón y necesitas energía.

La respiración: por la nariz coges aire llenando la barriga, y expulsas aire por la nariz vaciando la barriga. No respires llenando el pecho de aire, respira de manera que hagas grande la barriga y expulsa el aire de manera que vacíes la barriga de ese aire. Siempre por la nariz. Inhalas cuatro segundos, haces una pausa de dos y exhalas en seis segundos (es aproximado, no fuerces la respiración, yo solo te digo unas pautas, luego tú amóldalas a tu cuerpo y forma de respirar, pero no fuerces).

Lo haremos con los ojos cerrados. Hay gente que lo hace centrándose en un punto, pero mejor cierra los ojos.

Hasta aquí fácil, ¿no? Ya te he dicho que es algo básico lo que te voy a enseñar, pero si consigues hacerlo cinco minutos al día, estoy seguro de que te aportará paz y tranquilidad.

Lo ideal sería conseguir meditar un mínimo de quince minutos al día. Puedes meditar en cualquier lado, a mí me encanta hacerlo en la playa, o a la mañana recién levantado, o al volver del trabajo, cuando sueles volver estresado, pues te va a servir para calmarte.

Cuanto más practiques, mejor. Al final, conseguirás tomar conciencia a través de la respiración de todos los momentos en los que necesites relajarte. Simplemente respirando como te he dicho, lograrás relajarte sin necesidad de estar en ninguna posición ni con los ojos cerrados, pero, para esto, antes debes practicar mucho.

Y ahora la parte más importante, en mi opinión. El estado mental, como yo le llamo. Para explicártelo mejor, sería en qué tienes que pensar cuando estás respirando así y en esa postura. Pues, ¡en nada!

Para no pensar en nada, podemos hacer varias cosas. Céntrate en cómo el aire entra en tu cuerpo al inhalar y cómo sale al exhalar. Si viene algún pensamiento como: después tengo que llamar a mi mujer, tengo que ir a hacer la compra, mañana tengo que acabar el informe del trabajo, escucho una mosca o me pica una oreja, intenta decirte a ti mismo: «Fuera, ahora mismo no quiero ningún pensamiento, no me voy a centrar en ellos, solo en mi respiración». Al ser consciente de que estás pensando, no dejes que tu mente entre en esos pensamientos, sino que deja que se vayan. Puedes contar cada respiración, de esta manera no dejarás que entren pensamientos.

Puedes contar de diez a cero mientras respiras, puedes decir mientras inhalas «yo» y al exhalar «soy», puedes llevar tu concentración al movimiento del vientre con cada respiración. Si te distraes o sientes alguna molestia en tu cuerpo, obsérvalo. Puedes centrarte en cada parte de tu cuerpo mientras respiras, en tus pies, tus rodillas, piernas, abdomen, pecho, nuca, hombros. Recorre tu cuerpo.

Lo importante de este ejercicio es situarnos en el aquí y en el ahora. Cuando uno medita, está en el presente, generando un estado de calma mental no alcanzable por ningún otro procedimiento de trabajo mental.

El silencio mental generado por el estado meditativo produce unas condiciones de calma profunda, lo que supone un alivio de los estados de ansiedad.

Te invito a que practiques este ejercicio, son solo cinco o diez minutos de tu día (aunque podrás hacerlo cuando quieras, las veces que quieras), y estoy seguro de que te aportará calma y paz en tu interior.

Y si quieres profundizar en este mundo (deberías de hacerlo, sin dudarlo), yo te recomiendo que busques más información sobre Osho, y que leas un libro de Joe Dispenza que se llama *Deja de ser tú*.

CAPÍTULO VIII

DIARIO 8

Miércoles

Tengo la sensación de que me fuese a pasar algo, y estoy en alerta o pendiente de ese algo. Pero pasa el día, no me pasó nada y lo único que noto es angustia por tener esa sensación de que me va a pasar algo. Tengo a veces miedo a que un día me sienta muy mal y que no pueda controlar mi mente. Hoy he estado bastante nervioso. No sé si fue porque, aunque no me sintiera nervioso por el examen de moto, realmente acumulé algo de tensión y nerviosismo, pero tuve una sensación de vista borrosa, cansado, ido, con algo de desesperación.

Jueves

No sé si estoy bien, mal o regular. Notar, me noto bien pero me siento mal. Es decir, que tengo sentimientos contradictorios. A ratos del día estoy muy agobiado y sin ver salida, y a ratos mejor. No tengo ganas de hacer nada, solo de descansar. No sé si serán las pastillas o qué, pero hay veces en el día que me encuentro angustiado, con dolor de cabeza, nervioso.

Viernes

Me pasé todo el día en casa. Por la mañana en cama, y por la tarde en la habitación con el ordenador. Sobre las 21:00 tuve como un pequeño ataque de ansiedad. Me encontré bastante desesperado. Sería por estar todo el día metido en casa, pero no tenía ni ganas ni fuerza para salir de casa. Me encuentro aburrido, triste, sin ganas de nada, con miedo a mi futuro y a mi estado actual. Mañana tengo boda, a ver si me distraigo algo, aunque sea por obligación.

Sábado

Tuve una sensación de intranquilidad constante, una sensación de no estar controlando mi mente ni mi cuerpo, con miedo a no estar bien. Es una sensación continua de pensar que estás a punto de que te pase algo. Que tu cabeza crea que te va a pasar algo. Miedo a estar solo por si me vuelvo loco.

Domingo

Por mucho que intento pensar en positivo, esto cada vez se hace más difícil. Veo que, cada día, en vez de intentar disfrutar poco a poco de las cosas e ir poniéndome bien, voy a peor. Sin ganas de nada. Ganas de llorar y desaparecer. En vez de vivir el día a día, parece que sufro el día a día. Cada día es un sufrimiento para mí y eso me consume. Tengo la cabeza entumecida de todo, no puedo pensar. Parece que estuviese sedado mentalmente y no pudiese despertar esos sentimientos que me hacían disfrutar. Cuando me acuesto, no aguanto en cama. Me levanto, voy al balcón, vuelvo a la cama, me siento en cama, así quinientas veces, hasta que llega un momento en que estoy tan cansado que ya no puedo más y me quedo dormido. En vez de dar gracias por vivir cada día, para mí es un infierno.

Lunes

Mi sensación es que no sé qué me pasa. ¡No sé qué me pasa! Creo que estoy mal físicamente (dolor de cabeza, vómitos, cansancio, catarro) y eso me produce un cierto grado de inestabilidad psíquica. O eso creo pensar, porque realmente no sé por lo que estoy pasando. En casa mal, fuera mal. Tengo ganas de llorar porque no tengo ni gusto ni ilusión por nada. No me gusta lo que estoy sintiendo y notando. Creo que voy a peor y cada vez caigo más dentro del pozo. Creo que me muero, sensación de locura, miedo a hacerme daño. Yo no quiero morir, pero a veces pienso que así no sufriría lo que estoy sufriendo. Quiero intentar pensar en positivo, pero cada día que pasa esto se me parece más a lo que pasé hace cuatro años y, la verdad, fue un infierno. En días como hoy, nunca pondría un 3 en la barra del estado de ánimo. La verdad es que me siento mal, y no tengo motivo.

169

Eso es lo que más me preocupa. Hoy no comí nada, tengo ganas de devolver, no sé si es de los nervios o de qué. Tengo una sensación de no tener el control sobre mi mente. Como si estuviese en manos de alguien y ese alguien fuese el que dictara el tiempo. Pero seis meses y voy a peor, es bastante mala racha y nada de mejora.

Martes

Hoy he estado un poco mejor, lo que pasa es que le doy muchas vueltas a todo. No me gusta cómo llevo enfocada la vida, trabajo-casa-trabajo. No sé si estos tres días atrás estuve mal porque no comía y vomitaba, y por eso, junto con los nervios, me puse con mucha ansiedad. Quiero pensar que es todo junto lo que me está creando este malestar psicológico. Me cuesta mucho tomar decisiones. Hacer cosas. Con solo pensar en el día siguiente, ya creo que va a ser malo. Tengo la cabeza embotada, sin claridad de ideas. Ando perdido.

Miércoles

Hoy me levanté ya con la preocupación de cómo iba a pasar el día. Por la mañana me cuesta ir a trabajar. Me quedaría en cama todas las mañanas. Estoy muy cansado, muy saturado de ideas y pensamientos que me tienen la mente entumecida. Pero estoy algo mejor que esos anteriores días. Quizás necesito algo que pueda hacerme de vía de escape al salir de trabajar, una actividad o un deporte.

Jueves

Hoy estuve mejor, aunque durante la tarde tuve un dolor de cabeza, más bien un aturdimiento muy grande de mi cabeza, como en tensión continua, como si los ojos se hincharan por gripe o algo así, aunque no tengo gripe. Será de la tensión que me provoca la angustia y eso se traduce en dolores de cabeza.

Viernes

Hoy fui al psiquiatra y me dio Rexer 15 mg. La verdad es que hoy tuve momentos en los que parecía que estaba bien. Es decir, con mi mente despejada y sin darle vueltas a las cosas ni angustia. Pero aun así sin ganas de hacer cosas, muy cansado, ganas de dormir. Hoy tuve la cena de empresa. Mis jefes me dijeron que estaban muy contentos conmigo y con mi trabajo y eso a cualquiera le gusta que se lo digan.

Sábado

Hoy estuve todo el día cansado, dormido, atontado. Me imagino que será por la nueva pastilla. Solo tenía ganas de irme a la cama a dormir. No tuve ganas de pensar en nada de mí, ni de otra cosa. Era tanto el cansancio y el aturdimiento que ni daba para pensar en nada.

Domingo

Me despierto bastante atontado y sin encontrar la «ubicación». Es como si la noche me reseteara la mente. Me duele bastante la cabeza. Hoy no tuve pensamientos negativos. Estoy muy cansado, pero imagino que serán las nuevas pastillas.

Lunes

Por las mañanas estoy algo atontado y dormido, pero según pasa el día me encuentro mejor. No tengo pensamientos negativos. A veces una sensación de soledad y aburrimiento, como si el mundo se *parara o fuese muy despacio, como si el mundo siguiese y nadie se diese cuenta de que estoy aquí.*

REFLEXIÓN 8

Muchas veces sabemos qué es lo que debemos hacer para conseguir los resultados que deseamos. Sin embargo, no lo hacemos. ¿Por qué? ¿Qué es lo que nos frena? El miedo es uno de los grandes obstáculos que se interponen en la consecución de nuestros objetivos.

El miedo es un mecanismo que nos pone en alerta y hace que nos comportemos con precaución en algunas situaciones. Y ahora mismo, tu cerebro cree que estás pasando por una situación de riesgo, porque tú estás creando un peligro que no es algo real. Está en tu subconsciente. Claro que estás sufriendo y pasándolo mal. Pero todas las barbaridades que pasan por tu cabeza no son reales. Son fruto de tu frustración a la hora de buscar respuestas. Todos los pensamientos que tienes son creados por ti. En base a tus sensaciones, le estás dando a esta historia un guion negativo, con imágenes, predicciones, pensamientos negativos, etcétera.

Tienes miedo a lo desconocido. Has salido de tu zona de seguridad y ahora no logras controlar ni tus pensamientos ni tus sensaciones, pero tú eres el que ha hecho que ahora tengas miedo. Afróntalo, no lo temas.

Las personas valientes no son aquellas que no sienten miedo, sino las que se enfrentan a él. Por lo tanto, examínalo y analízalo. ¿Es real o imaginario? Piensa qué pasaría si hicieses todas las cosas que normalmente harías si estuvieses bien. Nada, ¿verdad? Solo que quizás no las disfrutarías de la misma manera. Que no tendrías ilusión por ellas. Pero no te pasaría nada. No te caería un meteorito ni te volverías loco, porque ese miedo a que te pase algo es solo porque tus sensaciones actuales no las puedes relacionar con nada. No tienes la información del motivo por el cual estás así.

Durante el día tienes muchas sensaciones que son desconocidas para ti. Si te das un golpe con la esquina de la mesa en una pierna, sabes que te duele la pierna por el golpe que te has llevado. Además, esto ya te habrá pasado alguna vez, y de esta forma asocias el dolor a ese motivo y tu mente se calma porque sabe que el dolor pasará. Pero, en este caso, tus sensaciones no las relacionas con nada. Sensaciones de que te va a pasar algo, angustia, miedo, cansancio, etcétera.

Aquí está, en gran parte, el problema por el cual no logras desconectarte de estos síntomas. Porque no sabes de dónde proceden y, hasta que no encuentres el motivo por el cual suceden, ni tu mente ni tú estaréis tranquilos. En el momento que sepas de dónde viene el problema, o simplemente seas consciente de que esas sensaciones desaparecerán, tu mejoría irá en aumento.

Tus pensamientos, tus hechos, tus creencias, tu vida entera la construyes con tus conocimientos. Sin ellos no piensas, porque no tendrías nada sobre qué pensar. No creerías porque no tendrías nada en que creer. Por eso, ante una situación desconocida por ti, ante una depresión en este caso, estás tan desorientado, y dejas en manos de tu cabeza el control. Porque no sabes llevarlo tú. No tienes datos para poder controlar. Cuando surge un problema pero tenemos los conocimientos para hacerle frente, nuestra mente piensa: «Tenemos un problema, no está resuelto, pero está controlado». Pero si, por el contrario, no tenemos conocimientos y es algo inusual para nosotros, nos vemos desbordados y decimos: «Tenemos un problema, no está resuelto, ni bajo control». Es decir, nos sentimos a merced de las circunstancias, nos dejamos llevar, a ver qué pasa.

Por eso no sabes el porqué. Porque no tienes conocimientos sobre la depresión, y no me refiero solo a saber qué es, sus síntomas, etcétera.

Me refiero a comprender que forma parte de tu vida, al hecho de que tenemos etapas buenas y malas, pero que todas pasan. Por lo tanto, si confías en que solo se trata de una etapa mala, estás creando un conocimiento sobre ella. Sabes que vas a superarla, aunque no sepas cómo, pero sabes que algún día vas a volver a ser feliz. Por ahí empieza todo.

Pero mientras te sigas preocupando por estos síntomas, vas a mantener una tensión de base. Ese estar pendiente de algo, de tu propio estado de tensión, te agota, y es lo que te hace estar cansado todo el día. Esto puede llevarte a sufrir de ansiedad. La sensación de intranquilidad suele relacionarse con ella, así como la desrealización, esa sensación de tener una percepción de la realidad distinta, como si la vieses a través de una película.

Si quieres resolver el tema de la ansiedad de un modo definitivo, tienes que perderle el miedo. La ansiedad no es peligrosa y se terminará en el momento en que te convenzas de ello y salgas a la calle, con o sin ansiedad, y sin miedo a que te pueda dar un ataque.

Entonces, desaparecerá para siempre.

EJERCICIO 8

Masaje metamórfico de pies: *El olvidado arte de lavar los pies*

Me gustaría hablarte de una terapia que llegó a mi vida un poco por casualidad, aunque ya sabes que no creo en las casualidades, pues todo pasa por y para algo.

Se llama *El olvidado arte de lavar los pies,* puedes investigar más leyendo el libro que tiene ese nombre. De hecho, te recomiendo su lectura, puesto que te va a ayudar a profundizar mucho más en esta terapia.

Yo voy a intentar explicarte con palabras desde mi corazón cómo se hace para que puedas practicarlo tú en casa y liberarte de tus posibles conflictos internos que hacen que no te sientas bien.

Esta terapia, como puedes imaginar, tiene relación directa con los pies, pero eso no es más que una parte física que simboliza la espina dorsal e, inconscientemente, nuestra etapa desde la preconcepción hasta el parto. A nivel energético, lo que conseguimos al realizar el masaje que te voy a explicar en los pies es activar la energía universal del amor y la compasión, y así limpiar tu alma de posibles conflictos, tanto en el presente como en el pasado.

¿Cómo? Con suaves caricias conseguiremos realizar un masaje metamórfico, liberando y purificando nuestros patrones emocionales más profundos, favoreciendo el proceso de autocuración de nuestro cuerpo, mente y espíritu.

Se hace una vez por semana, y si eres constante irás limpiando hacia fuera todas tus impurezas y negatividades. Es probable que muchos días te encuentres algo nervioso, o intranquilo, eso son las removidas internas que se activan tras el masaje. Es buena señal, porque cuando activamos esta energía empezamos a liberar el dolor y el sufrimiento más profundo que llevas dentro, yendo a la raíz del problema.

Te cuento. El masaje se hace normalmente a otra persona, pero también te lo puedes hacer tú mismo. Quizás después de leer el libro, tu pareja, algún amigo o familiar puede dártelo si le explicas cómo se hace, de esta manera conseguirás un estado más profundo de relajación.

Puedes comenzar con meter los pies en agua templada con sal gorda y algún aroma, lavanda u otro. Si no tienes, no pasa nada, con la sal es suficiente.

Ahí comenzamos a masajearnos los pies con suavidad mientras mantenemos los ojos cerrados, centrándote en tus manos, lentamente, con amor, trátate bien. No es cuestión de hacerlo rápido, tómate tu tiempo, despacio y con suavidad. Puedes hacerlo durante diez minutos.

Ahora viene el masaje, yo lo suelo hacer sentado. Coloco mi pie sobre la rodilla de la otra pierna y comienzo a acariciar la parte interna del pie, desde el talón hasta el dedo gordo, todo por la parte interna del pie, no por la planta.

Se empieza con unos veinte minutos de masaje en el pie derecho, aunque todo depende, como lo sientas, quizás un día son diez y otro quince. A tu ritmo, lo importante es que seas constante, hay personas que en cuatro masajes han notado una mejoría increíble.

El masaje, mejor dicho, las caricias, tienen que ser en círculos. Con una mano vas haciendo círculos y desplazando los dedos de la mano por la zona interna del pie desde el talón hasta el dedo gordo, y después del dedo gordo hasta el talón. Así varias veces hasta completar los veinte minutos o el tiempo que tú sientas.

Cuando llegues al dedo gordo, debes pararte y masajear las esquinas de la parte de arriba y de abajo de la uña, que se corresponden con la glándula pineal y pituitaria. Lo harás en círculos con los dos dedos de la mano, el índice y el pulgar. Es como si sujetaras el dedo por las esquinas de la uña, y así haces pequeños círculos con la punta de los dedos encima de las esquinas de la uña.

Primero en la parte de arriba de la uña y después en la parte de abajo. A continuación, sigue con el masaje desde el dedo gordo hasta el talón.

Cuando termines de hacer el masaje, haz lo siguiente: con el dedo índice y pulgar a modo de pinza, agarra el dedo gordo del pie derecho y muévelo lentamente mientras dices para ti las siguientes palabras: «Que te liberes, que te liberes de toda la ira, rabia, rencor, tristeza, miedo. Que te llenes de todo el amor incondicional, de paz, alegría, salud».

Después repite el masaje en el pie izquierdo.

Al terminar el masaje de cada pie, agarramos el pie con las dos manos desde el talón y, desplazando las manos por todo el pie, hacemos tres barridos a modo de limpieza.

Te aconsejo que, si puedes, consigas el libro, o quizás en tu ciudad hay alguien que sabe esta técnica y puede enseñarte o darte los masajes. Siempre es mejor cuando alguien te los da, porque lo haces acostado en camilla y consigues estar más relajado.

Las personas que conozco que usan el masaje cada semana, incluido yo, hemos notado un gran cambio interior de paz, tranquilidad y serenidad.

Estamos trabajando con nuestra energía interna, que es la responsable de tu vida actual. Te animo a que la limpies, a que la equilibres. Si no eres capaz de dedicar una hora a la semana para darte un masaje, puedes dejar de leer el libro, porque desde el principio te he comentado que son terapias de autosanación y, si buscas una receta mágica donde no tengas que hacer nada, aquí no la vas a encontrar. Mi camino fue largo, no me curé de la noche a la mañana, fueron meses. Cada día que pasaba sentía que con cada terapia me estaba liberando de algo interno que me hacía daño, hasta que por fin, un día, todo el trabajo realizado se vio recompensado y no he vuelto a sentirme como en esa época.

Es por eso que te animo a que pongas toda tu fuerza de voluntad en este camino. Confía en ti, y si no entiendes mis ejercicios, preocúpate de investigar más acerca de las terapias de las que te estoy hablando. Quizás encuentres lo que busques y eso será la llave de tu libertad.

No te des por vencido, hay muchas cosas maravillosas ahí afuera esperando por ti. Sal de ese pozo y disfrútalas a tope.

CAPÍTULO IX

DIARIO 9

Martes

Poco a poco parece que me voy estabilizando mentalmente. Es decir, que me cuesta menos levantarme. Cuando estoy en el trabajo, mi cabeza está en el trabajo y no pensando en si me voy a encontrar mal. Llevo un día normal, pero aún noto esa sensación de atontamiento, de falta de energía o de intranquilidad. Sé que aún soy joven, pero le doy muchas vueltas a mi futuro y eso a veces es bueno pero otras también me agobia. Intento disfrutar el día a día con pequeñas metas para no agobiarme en el futuro y poco a poco volver a ser el de antes.

Miércoles

Tengo tantas ideas y pensamientos en mi cabeza que solo desconecto cuando me voy a dormir. El resto del día lo paso dándole vueltas a la cabeza. Estoy más tranquilo que antes. Más animado porque parece que poco a poco vuelvo a ser el de antes. A sentir y disfrutar como antes las cosas.

Jueves

Me levanto cansado, pero por la mañana me despejo bastante, aunque después de comer hasta la noche tengo sueño y dolor de cabeza. No sé si será por las pastillas que tengo algo de sueño a todas horas. En cuanto a pensamientos negativos, no tengo muchos. Más que nada, físicamente no me encuentro bien. De la cabeza voy mejor. Psíquicamente, hay ratos en el día que me encuentro como desconectado, despersonalizado. Como si estuviese dormido e hiciese las cosas dormido, dándome cuenta de lo que hago pero en otro mundo mi cabeza.

Viernes

A mediodía estaba muy intranquilo, nervioso, con ganas de llorar, sensación de desesperación, y no sé el motivo. Eso es lo que peor llevo. El no saber por qué me siento así. Hoy fue un día bastante malo, porque no me encontraba tranquilo ni en casa. Normalmente, cuando estoy en casa, o en cama, me suelo tranquilizar, pero hoy he estado todo el día nervioso, en otra onda, despersonalizado, dolor de cabeza, dormido, atontado, con miedo a sentirme peor y al día de mañana.

Sábado

Me desperté muy nervioso, cansado, desganado. Aunque tengo ganas de hacer cosas y disfrutar, parece que algo me lo impide. Mi cabeza no responde. Es como si no hiciese caso a mis estímulos positivos. Me apetece salir, dar un paseo, pero prefiero quedarme en casa. Hay una parte de mí que manda y puede más que la otra. Cada día que pasa me encuentro más desorientado sobre mi estado de salud, tanto mental como físico.

Domingo

Me levanto siempre con la duda de si me voy a poner bien, de si estoy a gusto con mi vida, de si dejo el trabajo, pero luego ¿qué hago si dejo el trabajo? ¡No me voy a quedar en casa todos los días metido! Hace años, cuando estuve mal, me curé antes, y ahora parece que esto es habitual en mi día a día. Como si tuviese que convivir con ello toda mi vida, y eso me agobia y me angustia. El no saber si voy a estar bien otra vez. Hoy estuve todo el día en casa. A veces pienso que debería tomarme un tiempo para mí, dos o tres meses sin trabajar, sin estrés, relajado, e intentar poco a poco encaminarme. Pero luego, pienso y digo: ¿y qué haces todos los días? Nada. Así por lo menos voy al trabajo y me distraigo.

Lunes

Hoy estuve algo pachucho. Tengo una gastroenteritis vírica, y la verdad es que estoy atontado. Me duele la cabeza. No sé ni cómo tengo fuerzas ni ganas de levantarme e ir a trabajar, porque cuando estoy en casa pienso en salir y me da una pereza y me entran unas ganas de tirarme en la cama a dormir. Yo ya no sé qué pensar. Parece que estuviese en otra esfera, desconectado de la civilización, en un plano distinto de la realidad. Me noto mareado, sin ganas de pensar en nada.

Martes

Hoy fui a urgencias porque llevo dos días con diarrea, sin comer casi nada, con dolor de cabeza. A veces pienso si todo lo que me pasa son síntomas de alguna enfermedad o simplemente es causa de la angustia y de mis delirios mentales. No tengo ganas de nada. Ni de salir ni de trabajar ni de nada. Tengo miedo a que toda mi vida sea así día a día.

REFLEXIÓN 9

Vive día a día, intenta alcanzar pequeñas metas y no pretendas resolverlo todo de la noche a la mañana, porque te desesperarás al ver que no lo consigues así de rápido.

Un problema bastante frecuente en estos casos es que pasamos muchas horas pensando en qué hacer. Creer que pensando encontrarás la solución no es solo un error, sino que, además, te creará ansiedad.

Pensar, pensar y dar vueltas a la cabeza solo te dejará sin energía y paralizado, cuando dejes de pensar estarás abierto a que la solución llegue.

No te centres en: «¿Por qué me pasa esto a mí?», «Pero ¿por qué tengo esto?», «¿Por qué no estoy bien?», «¿Qué ha pasado para llegar a esto?». Esta manera de pensar solo te llevará a obsesionarte y que tu cuerpo experimente un sinfín de sensaciones, sobre todo negativas: miedo, ansiedad, tristeza, rabia, rencor, etcétera.

Lógicamente, es fácil decirte que no pienses así, que eso solo te daña y que tienes que cambiar la manera de pensar. Pero yo no estoy aquí para decirte eso, estoy aquí para que averigües por qué te pasa eso, para buscar la raíz del problema que hace que tu mente cree esos pensamientos y eliminar ese conflicto para que no tengas que luchar más con eso.

A lo largo del libro ya habrás visto que hay una serie de ejercicios con los cuales confío en que vas a mejorar.

Debes premiarte cada día si consigues hacer algo contra tu voluntad.

Es decir, sé que no te apetece salir de la cama, ni de tu casa. No te quedes pensando en por qué no te apetece, pero si hoy logras ir a dar un paseo, has conseguido alcanzar una pequeña meta, has logrado tener el control. Prémiate por ello. No has sido capaz de eliminar la depresión en una tarde, pero has conseguido superar una meta.

No permitas que tus miedos te controlen. Sé que es fácil de decir pero difícil de conseguir. Nuestra programación inconsciente hace que esto sea así, vives de forma automática, con miedos irracionales, es por eso que tenemos que identificarlos para poder eliminarlos y evolucionar, para poder vivir sin esos conflictos que te bloquean.

Que los miedos no manejen tu día a día.

Y esos miedos suelen venir acompañados de esa voz interior que es la que te machaca y perturba: te dice que estás mal, que esto no lo vas a conseguir, te maltrata desde dentro.

Háblate con cariño, vigila las palabras que te dices.

Otra pequeña meta puede ser ordenar tu casa, ver una película, ir a correr, cocinar algo, cortar el césped. Esto te ayudará a que las cosas retomen su ritmo habitual. Además, le darás a tu mente algo más en lo que pensar y te otorgarás una sensación de triunfo una vez que hayas terminado.

Si pasas todo el día en la cama sin hacer nada, solo te sentirás peor al día siguiente. Fuérzate tú mismo a levantarte y a hacer algo.

Cada día puedes alcanzar metas, por muy pequeñas que sean. De esta manera, estarás condicionando tu mente y la irás acostumbrando a que puedes alcanzar tus metas y obtener resultados. Poco a poco, podrás ir aumentando la complejidad de la meta hasta llegar a las más altas, pero ya con más confianza en ti mismo.

Buscar fuerzas para comenzar es difícil, pero todo depende de ti.

Debes estar convencido de que esto tiene que cambiar, se trata de tu propia vida. Lo único necesario es estar dispuesto a hacerlo. Si tienes la voluntad, el camino aparecerá.

¡Ánimo, confío en ti!

EJERCICIO 9

Eliminar conflictos internos o *voz interior*

Este es otro de mis ejercicios preferidos. Le doy las gracias a Salva Gálvez, puesto que él ha sido quien me ha enseñado este ejercicio y alguno más que aquí te detallo.

He de decirte que todos y cada uno de los ejercicios que hay en este libro los he hecho y experimentado en mis propias carnes, y todos me han aportado beneficios saludables.

Con este ejercicio vas a poder encontrar eso que buscas con cada pregunta o duda que tengas sobre cualquier conflicto en tu vida. Con él podrás establecer un canal de comunicación con esa parte de ti que no has controlado, que va por libre y muchas veces no te deja vivir en paz. Te lo digo siempre, en casi cada ejercicio que explico: cuando leas la teoría de los ejercicios, si no los entiendes, vuelve a leerlos. Relájate, respira hondo y vuelve a leerlos. Es muy importante que entiendas los pasos.

La práctica es fácil, porque va a ser tu mente la que haga el resto. Muchas veces, comienzas el ejercicio con una idea y al final la mente te lleva por un camino distinto pero crucial para que logres entender mejor lo que pasa.

Comenzamos:

Cogemos dos sillas, una frente a otra, deja algo de espacio para moverte entre ellas.

Primero vas a identificar el conflicto y esas dos voces que discuten acerca de ese conflicto o decisión: una serías tú y la otra sería una voz que cuestiona tu voz. Hay otra opción: si tienes una voz interior que no te deja en paz en todos los aspectos de tu vida, que te martiriza cada día con todo lo que haces o piensas, lo puedes hacer con esa voz interior, sería como el diálogo interior de cada uno (todos lo tenemos), pero en este caso es un estorbo y te lo hace pasar mal.

Segundo paso: identificamos a las dos partes, es decir, mirando las sillas hay que sentir o ver en qué silla se sienta una u otra voz. En una silla estarás tú (voz con una idea acerca del conflicto) y en la otra estará la voz que representa a la otra parte del conflicto o esa voz interior que es un estorbo continuo. Cuando tengas identificadas las dos voces en sus respectivas sillas, comenzamos el ejercicio.

Te sientas en tu silla, donde estaría tu voz, y poco a poco comienzas a respirar por la nariz, sin prisa, respiración abdominal, llenando la barriga de aire y expulsándolo de nuevo por la nariz vaciando la barriga de aire, todo esto con los ojos cerrados. Así hasta que sientas que estás preparado y concienciado de que esa silla es tu voz. Cuando estés listo, le harás una pregunta a la otra silla, que es donde tenemos a la otra voz que tiene su punto de vista del conflicto o la voz interior que es un estorbo. Por ejemplo, si sientas a esa voz que nunca te deja en paz, puedes preguntarle: «¿Por qué eres tan pesada y cada vez que quiero hacer algo me molestas con dudas y cuestionas todo lo que digo?». O si sientas a una voz que te cuestiona algún conflicto, por ejemplo, si quieres dejar el trabajo porque sientes que no estás bien en él y te gustaría dedicarte a otra cosa, puedes preguntarle: «¿Por qué siempre me manipulas para seguir en ese trabajo?».

Recuerda que estamos hablando, o bien a esa voz interior que nos crea debates en nuestro día a día de toma de decisiones, o bien a esa voz interior que no para de hablar, de molestar, que siempre está molestando y perturbándote incluso sin tener que tomar decisiones. Es importante que entiendas estas dos opciones para hacer el ejercicio.

Después de hacer la pregunta desde tu silla con tu voz, te levantas y vas a la silla de la otra voz. Esto hazlo lentamente, puedes abrir los ojos en el trayecto o no, como te sientas más cómodo, pero en las sillas te aconsejo que mantengas los ojos cerrados, así lograras una mejor concentración. Cuando ya estés en la otra silla, te tomarás tu tiempo, respirando por la nariz, de forma abdominal, siendo consciente de que ahora eres la otra voz, la otra parte del conflicto o la voz que estorba. Vas a comenzar a recibir una información, un diálogo que esa voz quizás quiera mantener con la otra, así que no juzgues esa información que te llega. Siente esa información de esa voz. Van a surgir preguntas, diálogos, enfados, tú tienes que ir cambiando de silla cada vez que sientas que la otra parte debe hablar o responder a algo que dice la silla/voz en la que estás en ese momento. Tu solo siente la otra información y crea el diálogo. Deja que la emoción salga, si sientes ganas de llorar, llora, si quieres gritar, grita. Cuando no encuentres ni recibas más información sobre el debate, las voces van a reconocer su intención positiva, es decir, el porqué actúan así. Vas a ir cambiando de silla y vas a percibir y saber por qué debate cada voz, el porqué de su postura sobre esa decisión. Una vez que ya las dos voces saben por qué hacen eso, vais a negociar un pacto para que se respeten mutuamente, para que la relación funcione y el conflicto desaparezca.

Al finalizar, os dais las gracias y simbólicamente os dais un abrazo para aceptar el acuerdo.

Si sientes que recibes la voz de la otra silla, cámbiate, no esperes a pensar en la información de la silla en la que estés, cambia cada vez que lo sientas. No pienses, deja que fluya tu mente.

Esto es solamente un guion. Muchas veces, el guion no sale así, mucha gente que ha hecho este ejercicio me comenta que no logró llegar a un acuerdo, o que simplemente la voz se fue. Deja que fluya, no te obsesiones con que el ejercicio salga como yo te lo he descrito aquí. Sabes la teoría: identificar dos voces, situar cada una en una silla y establecer un diálogo entre ellas cambiando de silla. Esa es la base, a partir de ahí hay muchos finales.

Deja que tu diálogo fluya, no coacciones las palabras. Tu mente sabe lo que tiene que hacer, tú solo ten claro la teoría, identifica bien las dos partes del conflicto o la voz que estorba y relájate. Es importante que estés en un lugar tranquilo, si hay poca luz, mejor. Apaga el móvil, evita ruidos y posibles distracciones. Estoy seguro de que todo va a salir bien, porque, ante tus preguntas, habrá respuestas.

CAPÍTULO X

DIARIO 10

Miércoles

A la mañana no fui a trabajar. Ni mi cabeza ni mi cuerpo me dejaron hacerlo. Me desperté a las 11:00 y me puse a estudiar inglés. Cuando estoy en casa es como si se parara el tiempo, como si estuviese en «stand by». Cuando salgo de casa se activa todo, pero me parece que yo, cuerpo y mente, voy más despacio que el resto de la gente y su vida. Por la tarde fui trabajar, estuve normal. Por la noche me encontré mejor, tranquilo en mi casa, viendo la tele en mi cama. Pero a la hora de hacer algo me cuesta mucho, no me apetece. Tengo la sensación en mi cabeza de estar atascado mentalmente.

Jueves

Hoy, más que un buen día, ha sido un día tranquilo. A ratos he tenido angustia. No he ido a trabajar porque fui a un neurólogo, para ver de qué podían ser los dolores de cabeza tan frecuentes. Tengo que hacerme un TAC craneal. Del resto, normal. A ver si de una vez voy conectándome al día a día y a la vida y dejo de pensar y estar mal.

Viernes

A la mañana me presenté al examen de moto, aprobé y, quieras que no, siempre es un estímulo positivo. Luego fui a trabajar, comí, volví a trabajar. Hoy tuve un día bastante tranquilo, psicológicamente hablando. Parece que voy encontrando el equilibrio de mi estado de ánimo. Y que mis jefes me dijeran que entrara y saliera del trabajo a la hora que quisiera y si no quería ir que no fuese, que descansase, es algo que también me agrada. Eso demuestra que me tienen aprecio y eso yo lo valoro.

Sábado

Hoy he ido a comer junto a unos familiares. He ido de compras con mi novia. Digamos que he tenido un día normal hacia fuera, pero mi cabeza sigue aún con inestabilidad. Tengo algo de gripe o catarro, entonces también estoy algo «abombado». A ver si pasa ya esto y viene una época buena, porque si no esto es un sinvivir, todos los días luchando por vivir en paz con tu mente.

Domingo

Estuve todo el día en casa. Tengo una gripe muy fuerte. Tengo la sensación de ver, de sentir lo que hago y veo, pero no lo disfruto. Es decir, hago las cosas con o sin ganas, pero esas ganas no tienen sentimiento. Por ejemplo, ahora estoy a punto de irme a la cama a dormir, mañana me levantaré, iré al trabajo, pero solo me encontraré a gusto cuando esté en casa. O eso es lo que pienso de antemano. Esas sensaciones «de antemano» son las que no tenía antes. Vivía el presente, no intentaba sentir el futuro. Creo que ese es uno de mis problemas.

Lunes

Poco a poco parece que voy cogiendo la ilusión, aunque note en mi cabeza que todo está revuelto. Necesito que todo esté en su sitio para poder pensar con claridad. Ahora mismo parece que no le encuentro gusto a las cosas que hago.

Martes

Poco a poco esas sensaciones distorsionadas con respecto a mi futuro, a mi trabajo... van volviéndose positivas y no negativas. Voy al trabajo más alegre, me cuesta menos hacer las cosas, me cuesta menos hacer planes o tomar decisiones. Aun así, le doy muchas vueltas a la cabeza. *Pienso que hay que aprovechar el día a día, pero pienso mucho en el futuro, en cuando sea mayor y ya no tenga nada ni ninguna razón para estar vivo. Veo a los ancianos todo el día en el parque, ¿qué hacen ahí? ¿Esperar la muerte?*

Miércoles

Durante el día suelo pasar por varias fases. Por la tarde suelo estar bastante atontado y adormecido. Cuando mejor me noto es a media mañana y por la noche, porque es cuando tengo una sensación de tranquilidad.

REFLEXIÓN 10

Las personas necesitamos el contacto social para ratificar que estamos viviendo, que estamos en contacto con la vida, que no somos irreales, que formamos parte en ella.

Es por eso que tienes que salir de casa, tienes que pasear para ver al resto de personas que están a tu alrededor y ver que formas parte de la realidad.

El problema es que sigues sufriendo esa sensación aun cuando tienes ese contacto con la realidad. Es algo normal, en la vida de un depresivo, que tenga esta sensación de estar pero no estar. Yo salía mucho de casa, intentaba distraerme, pero esa sensación estaba ahí, no lo voy a negar. Pero por las noches me sentía de distinta forma, dependiendo de si por el día había estado metido en casa o si había tenido contacto con el exterior.

Me sentía, por lo menos, en paz conmigo mismo porque sabía que lo que hice ese día era un pequeño paso para mi total recuperación. Sabía que salir, pasear, reír, hablar, eran cosas positivas para mí, y las hice. Sin embargo, el día que no salía de casa y me pasaba todo el tiempo en la cama lamentándome, por la noche estaba infeliz, triste y enfadado conmigo mismo porque sabía que lo que acababa de hacer no me llevaría a ningún lado. Hay que actuar. Hay que afrontar el día a día. Salir.

Lo más importante de todo es que avancemos. Atrévete a hacer cosas que tu mente te dice que no hagas. Muchas veces, la respuesta está en ti, pero no te atreves a verla porque consideras que quizás no sea la correcta. Piensa que eres una persona que vale mucho y que tiene talento. No te castigues a ti mismo. Al contrario, apréciate y llénate de confianza y amor propio.

Nuestro cerebro puede cambiar de forma radical nuestras vidas. Como sabrás, cuando tienes un pensamiento negativo, pronto te llega otro y otro, y cuando nos queremos dar cuenta parece que todo lo que nos rodea es malo, triste y negativo.

Está comprobado que nuestros pensamientos son los gobernantes de nuestras acciones. Si piensas que lo que te rodea es malo, seguro que estarás a disgusto la mayor parte del tiempo.

Si estamos continuamente pensando en negativo, nuestro organismo se mantendrá en alerta, ya que entiende que hay algo extraño que nos puede dañar, con lo que aumenta la tensión y el nerviosismo en nosotros.

Además, cuando estamos negativos, sacamos todo de contexto, lo desproporcionamos, lo exageramos, y pasa de ser malo a horriblemente malo. Lo que es un simple problema pasa a ser una hecatombe.

Aunque no nos demos cuenta, nuestra mente absorbe toda esa negatividad a lo largo del día, y es nuestra responsabilidad poner información positiva constantemente en nuestra mente para que nos impulse, para que nos ayude a superar las dificultades y a ser lo mejor que podamos ser.

Si te dijese que te puedes mentir a ti mismo y esto afectaría a tu vida, ¿lo creerías? Muy probablemente no, pero vamos a hacer un ejercicio con el cual notarás unos pequeños cambios en ti, que serán decisivos para que sí que me creas.

¿Sabes qué es un placebo? Es algo que no tiene, en teoría, ningún efecto. Pero si el médico te dice: «Toma esta pastilla una vez al día y te pondrás bien», tú, al tomarla, crees que te curará o que te sentirás mejor. Y quizás es, solamente, una pastilla de azúcar.

La mente es la mayor medicación que puede existir, sobre todo en enfermedades psicológicas. Tú piensas y crees que esa pastilla te curará, por lo tanto, recibes lo que piensas y crees que te va a curar.

¿Has pensado alguna vez en algo que te disgustara y cuanto más pensabas en ello peor te encontrabas? Eso es porque los pensamientos negativos atraen a otros pensamientos negativos.

Cuando veía una película de miedo, siempre tenía sensación de miedo cuando llegaba la noche, lógicamente, por culpa de la película, y solía tardar en dormir. Pero sabía que la película era irreal, así que me centraba en otros pensamientos para cambiar esa sensación. Eso lo hacemos todos. Cambiar pensamientos para cambiar sensaciones.

¿Has visto qué fácil es? Y lo has hecho sin que nadie te enseñara a hacerlo. Aquí aprenderemos a que las sensaciones que tienes por culpa de la depresión son *irreales,* lo cual implica que mediante otros pensamientos lograremos desterrar esas sensaciones desagradables.

Vamos a adquirir nuevos hábitos. Nuevas formas de pensar.

La mayoría de la gente mantiene una conversación mental con su yo interior a todas horas, durante todo el día. Eso no es malo. El problema viene cuando esa conversación es negativa, dado que nuestras acciones y sensaciones están basadas en nuestros pensamientos. Por lo tanto, si estos pensamientos son negativos, ya sabes cómo serán nuestras acciones. Entonces, si logramos cambiar la forma en la que pensamos, podemos cambiar nuestra forma de actuar. Practicar conversaciones positivas con nuestro yo interior nos va a ayudar a tener pequeños cambios que nos conducirán a conseguir grandes resultados.

Siguiendo estos pasos, vas a poder comenzar a deshacerte de esas conversaciones negativas y a reemplazarlas por pensamientos positivos.

-Cada vez que te des cuenta de que estás hablando con tu yo interior de forma negativa, ¡párate! Por ejemplo, si estás diciendo: «No puedo superar esto» o «No puedo hacer esto», para la conversación y cambia radicalmente el pensamiento. Miéntele a tu yo interior, demuéstrale que sí que eres capaz de todo, dile que sí que eres capaz de superarlo, que sí que puedes hacerlo. De hecho, ¡ya lo estás haciendo!

Interrumpe el pensamiento diciendo interiormente la palabra «stop», y piensa todo lo contrario: «Sí que lo puedo superar» o «Sí que lo puedo hacer». La interrupción del pensamiento actúa como una táctica distractora y las emociones negativas quedan cortadas antes de que puedan surgir.

Otro ejemplo muy habitual es cuando escuchas música. Si te das cuenta de que una canción te deprime o te hace sentir triste, entonces la solución es simple: ¡no escuches esa canción! Escucha música que te anime, música con ritmos animados.

-Las expresiones positivas y cortas, consiguen un efecto increíble en el subconsciente al repetirlas día a día. Por lo tanto, durante el día no hables de tu enfermedad. Si estás mal, no te centres en ese pensamiento porque se transformará en sentimiento y estarás mal. Piensa: «Me siento muy bien», y, aunque sea mentira, recuerda *mentir al cerebro*. Así que créete que estás bien y que ese momento no es más que producto de tu imaginación.

Realizando esta rutina diaria, pensando que estás bien, el cerebro no sabrá realmente qué pasa, porque tú le envías señales positivas, es decir, le dices que estás bien, que te sientes muy bien, aunque notes que estés mal. Por eso, poco a poco sentirás una sensación de control del momento, de control en ti mismo, de saber qué hacer y qué pensar bajo cualquier situación, positiva o negativa.

Hay un libro muy bueno, un *best-seller* de Louise Hay titulado *Usted puede sanar su vida,* donde podrás ver qué tipo de frases se pueden usar mentalmente para repetir durante el día y curarte de varias enfermedades, entre ellas la depresión. A partir de esta idea, la autora propone un método de autotransformación que enseña no solo a crear paz y armonía tanto interior como exterior, sino a descubrir el significado de la auténtica autoestima. Te lo recomiendo.

EJERCICIO 10

Mírate desde otro punto de vista

Este ejercicio consiste en vernos desde otra perspectiva que no es la nuestra. Suena raro, pero te lo explico y verás que es un ejercicio fácil y muy poderoso si se hace bien.

Te sientas en una silla y, durante cinco minutos (cuanto más tiempo estés mejor, pero tampoco hay que perder la paciencia en la silla pensando en si ya ha pasado el tiempo o aún hace falta más), lo importante es que mientras estés sentado cierres los ojos y seas consciente de que estás ahí sentado.

Esto vamos a lograrlo respirando por la nariz despacio, llenando la barriga de aire (respiración abdominal) y poco a poco vaciándola de él. Esta respiración va a ser lenta, céntrate en ella, observa lo que sientes y lo que oyes, y cuando la tengas controlada (que ya no estés pensando en cómo respiras) vas a centrarte en ti, en qué sientes en ese momento. Escuchándote, relajado, puedes decir: «Yo (tu nombre y apellidos) estoy aquí sentado con mis virtudes y mis defectos, mis creencias positivas y negativas, y me estoy observando».

Después de pasar los cinco minutos, o el tiempo que tú creas o sientas que estás completamente concentrado en tu cuerpo sentado en esa silla con los ojos cerrados, vas a levantarte muy lentamente. Esto es muy importante, tienes que hacerlo muy lentamente. Cuando estés de pie, vas a andar muy lentamente hacia delante, más o menos dos o tres metros, con la idea de que tu cuerpo va a seguir sentado en la silla y parte de ti va a levantarse. Sé que puede sonar raro, pero es fácil, ya verás, lo importante es que no te lleves a la persona que está sentada hasta la posición de estar de pie porque, de lo contrario, no lograremos *desprendernos.* Después te das la vuelta, poniéndote frente a la silla, pero desde esa distancia.

Este proceso de levantarte y andar esos metros puedes hacerlo con los ojos abiertos o cerrados, como creas que estás más concentrado. Con los ojos cerrados sueles estarlo más, pero prueba, dado que puedes hacer este ejercicio las veces que quieras.

Ahora, desde esta distancia, vas a observarte sentado en la silla, vas a verte ahí sentado. ¿Cómo te ves? ¿Estás riendo, llorando, triste, desnudo, desorientado...?

Si sientes la necesidad de volver a sentarte y sentirte para poder volver a levantarte y verte, por si ha cambiado algo después de haberte visto, hazlo.

Ahora que ya has practicado el ejercicio, vamos a complicarlo un poco:

Te vas a sentar en la silla, vas a relajarte con la respiración y vas a focalizarte durante esos minutos que estés ahí en pensar y sentir en un problema que tienes ahora, o algo que te bloquea, que te molesta o preocupa. Cuando lo tengas, vas a hacer lo mismo que antes.

Muy lentamente (recuerda hacer este paso muy lentamente, para distraer a la mente inconsciente y evitar el diálogo interno con la mente consciente), vas hasta la posición de dos a tres metros, das la vuelta y te observas en esa silla con ese problema. En algún momento va a venir a tu mente una información que tienes que transmitir a esa persona que está ahí sentada, que eres tú, pero recuerda que ahora estamos mirándonos desde otra perspectiva. Esa información que vendrá a tu mente puede ser una frase, una solución al problema, una imagen o un diálogo con esa persona que está sentada ahí. No juzgues esa información que te venga, ni te obsesiones con que no te viene nada, tú estate tranquilo desde esa posición, mirándote con ese problema que has pensado y sentido cuando estabas sentado.

Sé que puede parecer difícil, pero te animo a que leas el ejercicio todas las veces que sean necesarias para entenderlo y poder hacerlo con confianza de que la teoría la sabes. Ya verás como la práctica saldrá bien, si no es a la primera, será a la segunda, o a la tercera. Suele ser muy efectivo ya desde la primera si haces los pasos muy lentos y con sentimiento, con confianza en que es un ejercicio que te va a ayudar, porque si no tienes la conciencia de que te va a ayudar, no vas a recibir cambios ni soluciones, todo lo que hagas no te servirá de nada.

Recuerda hacer esto en un lugar tranquilo, a ser posible sin ruidos o distracciones. Puede ser en tu habitación, en un momento en el que no esté nadie en casa, para evitar que te molesten e interrumpan en medio del ejercicio.

Con esta información que te vendrá desde la posición de dos o tres metros, tendrás la llave de muchas puertas hacia la libertad emocional. No la juzgues, siéntela y verás que, poco a poco, día a día, esa información te servirá como arma para solucionar o mejorar esa situación o problema.

Puedes hacer este ejercicio con cada problema o conflicto que tengas. Verás cómo te aporta claridad y confianza para afrontar muchos de los conflictos cotidianos que tengas.

Suerte y ánimo. Ya ves que, poco a poco, te he ido diciendo varios ejercicios que en su día yo he hecho y me han servido mucho en mi recuperación y equilibrio emocional. Estoy seguro de que, si los haces todos, notarás esa mejoría que tanto buscas. Recuerda que es posible que durante los días siguientes a hacer estos ejercicios sientas que estás peor, más nervioso, intranquilo, quizás hasta tengas diarreas, resfriados, etcétera. Eso es una señal de que el ejercicio ha funcionado, de que estás expulsando y avanzando. En unos días pasarán y todo quedará en calma. Afronta estos cambios con confianza de que son el camino que tienes que seguir para estar bien.

CAPÍTULO XI

DIARIO 11

Jueves

Sensación de intranquilidad, desesperación en algunos momentos del día. A lo mejor estoy en el trabajo agobiado y pienso en irme para casa a dormir o meterme en cama. Depende de los días, me noto mejor o peor sin que pasen cosas para que tenga la necesidad de estar peor o mejor. Hago las cosas y a veces ni tan siquiera me apetece hacerlas, pero pienso: «Total, si no haces esto, ¿qué? ¿Te vas para casa a dormir?».

Viernes

Me levanté bastante bien, pero una vez en el trabajo estoy como alerta por algo, muy nervioso y con ganas de que pase el tiempo rápido porque en ese momento no me estoy sintiendo bien. Tengo la cabeza y las ideas algo aturdidas, no pienso con claridad. Poco a poco estaré mejor, o eso quiero pensar.

Sábado

Me levanto siempre con una sensación de miedo a cómo me voy a encontrar a lo largo del día, temiendo que esté mal y con angustia. A la noche fui a trabajar a una boda y estuve bastante distraído.

Domingo

Todo el día en casa durmiendo, ya que me acosté muy tarde. Hoy tuve una sensación de desconexión con el mundo real, como si estuviese dormido y todo lo que hago no lo hiciese con mi mente, sino que lo hago mecánicamente. Miedo al día a día, como si no me encontrase bien al pensar en el día de mañana. Es decir, mañana trabajo, ¡puf!, no me apetece nada, me quedaría en casa.

Lunes

Hay algún momento del día en el que me apetece reírme o sentirme alegre e ilusionado con algo, pero es como si mi cabeza no me dejara acceder a esos sentimientos. Por la noche, cuando me acuesto, me entra una sensación de miedo o de preocupación por si me voy a encontrar mal. Ya llevo más de dos meses y, la verdad, no me noto aún cerca del final.

Martes

Una sensación de no poder controlar tu cabeza, tu mente ni tus pensamientos, como cuando quiero estar alegre, voy al pensamiento de la alegría y algo me impide cogerlo. Ahora es una época rara. La primera depresión no sabía lo que era, ni cuándo iba a curarme. Ahora ya sé lo que es, pero, en vez de ayudarme, parece que es peor que sepa de lo que se trata. Tengo una sensación de «yo creo que estoy bien», pero noto y siento que no es así. Noto un nerviosismo, un dolor de cabeza, como si tuviera la cabeza metida en una lavadora dando vueltas, aturdido. Es como si mi mente asociara mi casa, mi cama y mi habitación con algo negativo, ya que estuve mal en ese lugar. Como un anclaje negativo en mi mente.

Para mi cerebro, estar en casa es estar mal (como hace años), y me pongo mal. A lo mejor, si estuviera viviendo en otro lugar, estaría mejor.

Miércoles

Un poco mejor, pero tengo la cabeza como dormida, estoy embotado. Una sensación de que estoy desconectado del día a día. Es un querer estar bien y no poder o no dar. Incluso pienso si a lo mejor es otra cosa lo que me sucede, porque no veo que haya muchos cambios en mi mente y en mi estado como para pensar que voy mejor.

Jueves

Cada día que pasa, más pienso que tengo algo distinto a una depresión, porque me apetece hacer cosas, pero mi cuerpo y mi mente no dan. Yo leo mucho y creo que puede ser estrés, ya que el estrés es algo distinto a la depresión porque en la depresión no tienes ganas de nada. Yo sí que tengo ganas, pero solo me duele la cabeza, sensación de embotamiento. Ganas de dormir y descansar. Quizás necesito un cambio en mi vida.

Viernes

Hoy he estado algo mejor. Estos días dormía la siesta y estaba muy atontado. Hoy no la dormí y estuve mejor. Hombre, no creo que eso sea el problema, pero seguimos sin ganas, sin ilusión, sentimiento de embotamiento, de miedo al día a día y de no volver a ser el de antes. Ganas de un cambio en mi vida, tener mi espacio, mi casa.

Sábado

Me he levantado algo desconectado y agobiado, nervioso, pero, poco a poco, a lo largo del día, al distraerme, me he encontrado mejor. No tuve sensación de embotamiento y atontamiento. Sensación de cansancio sí, y de notar que aún no era yo del todo en estado puro. Aún me falta para estar al cien por cien. También pienso acerca de las pastillas, por si me estaré acostumbrando mucho y luego me va a ser difícil dejarlas.

Domingo

Hoy estuve todo el día en casa. La verdad, con el día que hacía, que estaba lloviendo, no me apetecía ir a ningún lado. Aún no tengo ganas de hacer cosas, estoy desganado. Voy haciendo cosas, pero casi a la fuerza. Por mí, me quedaba en casa o en la cama viendo la tele.

Lunes

Parece que estoy en una fase de tranquilidad y asentamiento. Noto que no estoy del todo bien, pero no me preocupa tanto ni le doy tantas vueltas a la cabeza. Simplemente, hago lo que tengo que hacer: trabajar, comer e intentar descansar o distraerme sin estar agobiado ni angustiado.

REFLEXIÓN 11

Tienes que comenzar a vivir cada día con ilusión, no te puedes permitir el lujo de vivir con pena ni tristeza. Tienes que ser la persona que siempre has soñado, tienes que convertirte en el personaje que siempre has soñado. ¿Por qué no haces las cosas que siempre has querido hacer? ¿Qué te lo impide? Tienes que intentar ver las cosas que te impiden ser realmente feliz. Después de haberlas identificado, afróntalas. Es la única forma de salir de esa espiral de negatividad.

En tu caso, lo que buscas es superar tu depresión, ser feliz. Pues analiza qué es lo que estás haciendo para poder superarla. Seguro que piensas que no estás haciendo nada, que te estás dejando llevar. La vida pasa y tú te dejas arrastrar, ¿es así? Pues afronta eso, no te dejes arrastrar, ¿por qué demonios tienes que estar metido en casa cuando lo que quieres hacer es reír, disfrutar, bailar? Sé que piensas que no es tan fácil, y que es muy difícil, pero, si sigues haciendo lo de siempre, ya has visto a dónde te ha llevado.

Por lo tanto, con todo esto que te digo no pretendo que cambies tu forma de ser. El libro no te va a cambiar. Quien va a cambiar eres tú.

Quiero que despiertes a tu *yo interior,* quiero que, gracias a este libro, veas lo fuerte que eres en tu interior y el poder que tienes dentro de ti. Pretendo hacerte ver que la vida es mucho más fácil de lo que tu mente ahora mismo cree que es.

La única forma que tienes para poder cambiar tu estado emocional de mañana es saber si lo que has hecho hoy te ha servido para estar bien o mal. De esta forma, sabrás si actuando como hoy vas a estar bien mañana o no. Por lo pronto, creo que no te has hecho nunca esta pregunta, porque de habértela hecho estarías emocionalmente mejor. Es decir, si sabes que pensando y actuando como lo has hecho hasta ahora, las cosas no te han ido bien, ¿por qué no pruebas a pensar y actuar de forma distinta?

Yo te doy las pautas a seguir para poder cambiar tu forma de pensar, ahora es tu elección utilizarlas o no. Ten seguridad en ti mismo, confía en ti y de este modo controlarás tu vida.

Seguro que más de una vez te habrá pasado que tienes momentos de lucidez, es decir, momentos en los cuales te sientes tan bien, con tal poder interior y confianza, que parece que todo lo puedes conseguir. Ves las cosas más fáciles, y ves con claridad las cosas que realmente te gustaría hacer y que sabes que te harían feliz. Y en un instante todo se desvanece y queda en nada, en un simple sentimiento de felicidad fortuito. ¿Por qué no somos capaces de tener esa sensación cada día?

Por la simple razón de que nos resignamos a la vida que llevamos. Creemos que nuestra vida es así porque sí, y tenemos que vivirla porque nos ha tocado vivirla así. De eso nada, no te resignes. ¿Acaso es lo que quieres? Si es así, me parece bien, pero estoy seguro de que tienes grandes planes, ideas, *hobbies* que deseas hacer y que, por una cosa u otra, dejas de lado para vivir tu actual vida. Pues implementa esas cosas en tu actual vida. Haz cosas que te gustan. Es el primer paso para un gran cambio, empezaremos por buscar tiempo para hacer ese *hobby* olvidado, o esa actividad que te gustaría practicar. Una vez que empieces a ser consciente de tu vida, y a hacer lo que *quieres hacer* en cada momento y no lo que *deberías hacer*, tendrás el control de tu vida.

En muchas ocasiones, sentimos una pasión por algo que hemos dejado de hacer porque nos encontramos mal o porque nunca lo hemos llevado a la práctica. Nada mejor que desarrollar ese *hobby* para combatir la depresión. Mantener la mente activa, pensando y planificando tareas que producen placer, es una excelente medicina contra la depresión.

En cuanto a mí, desde los seis años he ido a clases de baile, pero desde que comencé a encontrarme mal por culpa de la depresión, lo dejé, simplemente porque me incomodaba el hecho de tener que ir al local de ensayo, ver a mis compañeros y hablar con ellos. Prefería quedarme en casa, en la cama o en el sofá, porque estaba más tranquilo. Aunque a estas alturas ya te imaginas que fue la peor decisión.

Bien, unos años después, me encontré con un compañero de baile y me dijo que necesitaban gente porque si no el grupo se deshacía. Yo aún estaba mal por culpa de la depresión, pero le dije que sí, que contara conmigo. Al fin y al cabo, ¿qué me iba a pasar? Simplemente iba a bailar, cosa que me encantaba. Te puedo asegurar que fue lo mejor que me pudo pasar. Una vez que comencé de nuevo a ir a los ensayos, sentí una plenitud y una satisfacción interior que es inexplicable. Desde ese momento, jamás he faltado a un solo ensayo, y cada vez que llega el día de ir a bailar me noto como si fuese a hacer algo muy importante para mí. Me llena. Me divierte.

Si tienes un *hobby* olvidado o que siempre has querido realizar y que nunca has querido o podido, ahora es el momento. Haz cosas que te llenen. No tengas miedo por si te vas a encontrar mal haciendo eso ni pienses si es mejor quedarte en casa porque estás más tranquilo. Haz lo que te gusta. Al principio, quizás lo hagas por hacer, pero, poco a poco, lo irás disfrutando con más intensidad y conseguirá llenar tu vacío anímico.

Aprende a bailar, a nadar o toma clases de yoga. Vete al gimnasio, sal a correr, bici, clases de cocina, pescar, montar a caballo, senderismo, algún deporte, lo que prefieras.

¡Ríete! Lee libros de chistes, ve películas cómicas, asiste a eventos de comediantes. Disfruta de la risa, es la mejor terapia contra la depresión.

También puedes acudir a centros donde realicen talleres de risoterapia. Que no te dé vergüenza ir. No pienses: «Es que no me voy a reír y me van a mirar mal». ¡Olvídate de ponerte obstáculos y crear expectativas de algo que no sabes cómo va a ser en realidad!

Créeme. Hazlo. Intenta reírte todos los días. Puedes ver películas cómicas, mejor por las noches. Si no tienes tiempo, puedes ver videos en internet de cosas graciosas.

Al reír liberamos endorfinas, la hormona de la felicidad.

La enfermedad no puede existir en un cuerpo que tiene pensamientos y sensaciones positivas. Cuando mi novia me decía si íbamos a dar un paseo, yo decía un NO rotundo. No me apetecía salir, solo con pensar que tenía que salir a la calle me entraba angustia, solo quería estar en casa.

Entonces, ella me decía: «Pongo la tele un poco» o «Voy a por una película». La verdad es que a mí me daba igual mientras no intentara que saliese de mi burbuja, la cual era mi cama y mi habitación. Lógicamente, al final, tenía que ver la tele o una película. Siempre traía películas de risa.

Yo no me reía. Ni pizca de gracia. Pero te puedo asegurar que esas risas y esa felicidad quedaban grabadas en mi subconsciente, aunque yo no las expresara. Y te digo que las veas de noche porque de noche la mente hace un escaneo de todas las imágenes que has tenido a lo largo del día y, aunque ahora predominen las negativas a las positivas, paulatinamente las positivas superarán a las negativas, consiguiendo que a la mañana estés más despejado.

La risa estimula el sistema nervioso y este, como respuesta, segrega una serie de sustancias, las hormonas, que actúan sobre el sistema inmune, fortaleciéndolo.

EJERCICIO 11

Buscando Respuestas

Siguiendo la base de algunos de los ejercicios que te propongo en el libro, vamos a seguir buscando respuestas, porque es una de las cosas que más te inquieta, como a mí en su día, que solo me hacía preguntas. Así que, ¡vamos allá!

Ponemos dos sillas, una frente a otra. En una estarás sentado tú y en la otra estará sentado, imaginariamente, tu *maestro*. Este maestro puede ser una persona de tu familia que admiras, tu padre, un abuelo o abuela, tu madre, un profesor de la escuela, Dios, tu *yo superior,* tus guías, etcétera. Cada uno sabe y siente quién es esa persona que te puede aportar sabiduría y claridad en este momento. Sobre todo, no te pares mucho a pensarlo, más bien siéntelo. Si te viene a la cabeza alguien, no razones si será o no será esa la persona que tienes que poner, ya que si te viene a la mente es por algo. Deja de pensar y siéntelo.

Comenzamos sentándonos en nuestra silla, y desde ahí, con los ojos cerrados, vamos respirando varias veces lentamente por la nariz llenando la barriga de aire y vaciándola, así varias veces hasta que sientas que estás preparado para hacer la pregunta a esa persona que está frente a ti en la otra silla. Puede ser una pregunta acerca de un conflicto que tengas en tu vida, una situación que te molesta, que te perturba, que no te deja disfrutar, lo que quieras y creas que necesitas cambiar pero que no encuentras esa respuesta para poder cambiarlo.

Aquí hay muchas opciones, cada uno tiene sus problemas, pero, para que puedas identificarlos mejor, te pongo varios ejemplos: una hija que se lleva muy mal con su madre y pregunta qué necesita para mejorar la relación con ella. Un chico que no ha acabado la carrera de Medicina y pregunta qué necesita para dar ese empujón porque está estancado. Si estás triste, sin confianza, abatido, pregunta qué necesitas para cambiar eso.

Cuando ya hayas hecho esa pregunta, te levantas muy lentamente y te sientas en la silla de tu maestro. En ese momento dejaras de ser tú y comenzarás a sentir que eres esa persona, y que mentalmente estás recibiendo información para dártela, o sea, que vas a decirle a la persona que está enfrente (tú) esa información que está pidiendo y necesita. Hazlo despacio, sin prisas. Cuando te sientes en la silla, tómate un tiempo para ser consciente de que ya no eres tú, ahora eres esa otra persona que has escogido para que se sentara ahí. No quieras hacer todo rápido, porque no lograrás estar tranquilo y receptivo. Todo despacio, concentrado y abierto a recibir esa información.

Cuando ya hayas recibido toda esa información, te levantas y vuelves a tu silla. Ahora es cuando debes de integrar en ti esa información que el maestro te ha dado. Siéntela y verás cómo algo cambia dentro de ti, sentirás más claridad y confianza gracias a esas respuestas a tu pregunta.

Sé que puede parecer un ejercicio un tanto extraño, como casi todos los que en este libro he descrito, pero no lo juzgues, hazlo las veces que sean necesarias. Todo va a comenzar a fluir de una manera que ni te podrías imaginar, comenzarán a aparecer personas en tu vida y percibirás señales para que logres llegar a donde quieres. Solo confía y estate tranquilo, porque todo va a salir bien.

RECOMENDACIONES

Libros recomendados

Vivir el Perdón, de Jorge Lomar.

Dejar ir, de David R. Hawkins.

El niño olvidado, de Mercedes Guzmán.

Volver a casa, de John Bradshaw.

Los cinco mandamientos para tener una vida plena, de Bronnie Ware.

Usted puede sanar su vida, de Louise L. Hay.

Deja de ser tú, de Joe Dispenza.

El olvidado arte de lavar los pies, de Libre.

Un curso de milagros, de Helen Schucman.

Recomiendo estos libros porque considero que en todos ellos existen conocimientos y ejercicios que te van a aportar mucho en tu evolución emocional, proporcionándote una mejora en tu salud. Ahora depende de ti.

Yo nunca obligo a nadie a que hagan lo que digo, puesto que eres tú el que tiene que seguir tu intuición. Quizás, de todos los libros que te recomiendo, solo te apetece leer uno o dos. Incluso aunque pasen meses, años, puede beneficiarte leer alguno de ellos.

Te dejo que lo hagas a tu ritmo, porque todos tenemos nuestra brújula interna que es la que nos marca a cada paso la dirección que debemos tomar. Solo debes confiar en ella.

Películas recomendadas

El guerrero pacífico, de Víctor Salva.

El cambio, de Wayne Dyer.

Humano, de Alan Stivelman.

Héctor y el secreto de la felicidad, de Peter Chelsom.

Alma salvaje, de Jean-Marc Vallée.

El viaje de tu vida, de John Curran.

Hacia rutas salvajes, de Sean Penn.

Terapias recomendadas

Regresiones a vidas pasadas, a la niñez, etcétera.

PNL (Programación neurolingüística).

Rebirthing / Renacimiento.

Transgeneracional.

Biodescodificación.

Sistema de sanación Tinerfe.

Hipnosis ericksoniana.

Sanación de Luz.

Sanación akáshica.

Constelaciones familiares.

Gestalt.

Flores de Bach, homeopatía.

Acupuntura, reflexoterapia, reiki, arteterapia, psicodrama, aromaterapia, radiónica, acupresión, cristaloterapia, etcétera.

Muchas de las que aquí te digo las he hecho yo durante mi etapa de depresión, y todas me han aportado algo positivo.

Este, como sabes, es un camino que no se recorre en una tarde. Poco a poco, día a día, terapia tras terapia, te irás encontrando mejor, hasta que un día te des cuenta de que por fin has conseguido lo que buscas: lograr mirar al mundo, cada segundo de tu día, con ojos de alegría, y poder disfrutarlo dejando atrás esta etapa que ahora estás viviendo.

Por eso, te animo a que des pasos. Si conoces a alguien que haga alguna de estas terapias, dale la oportunidad. Quizás ahí avances en tu recuperación y esa terapia puede que te lleve a otra, y así hasta quedar completamente puro, en paz y en equilibro emocional.

Cada uno tenemos un camino diferente. Por eso, es posible que tú descubras otra terapia que te va mejor que las que te digo yo aquí. Lo que importa es que, sea como sea, logres superar tu depresión.

¡Busca y encontrarás!

CARTA DE DESPEDIDA

Estas palabras que he escrito en este libro han sido el relato de mi experiencia. No tienen ningún valor médico, pero espero y confío en que sean de gran ayuda para ti, que este sea el principio de una nueva etapa en tu vida, llena de amor, felicidad, paz, equilibrio y alegría.

Me alegra poder compartir mi historia con personas que buscan respuestas a este gran problema llamado depresión.

No quiero que te creas todo lo que has leído simplemente porque forma parte de un libro. Quiero que te lo creas si en realidad lo puedes demostrar, y para ello tienes que comprobarlo en ti mismo, aunque a estas alturas ya lo tendrás mucho más claro: para dar un cambio hay que ir a por él.

Finalmente, lo único que puedo decirte es GRACIAS por haber leído este libro. GRACIAS por estar dándote la oportunidad como yo me la di en su día. Lo vas a conseguir, te lo mereces. Mereces disfrutar de todo lo bonito de la vida.

Espero que hayas encontrado lo que buscabas.

Suerte y ánimo.

Un abrazo de corazón. Tu amigo, Rubén Quintas.

Si este libro te ha parecido útil y te ha ayudado, por favor comparte una reseña para que otros puedan encontrarlo más fácilmente. Me ayudará a seguir escribiendo libros relacionados con este tema. Tu apoyo es importante. Y si conoces a alguien que pueda beneficiarse de él te agradeceré que se lo recomiendes. Muchas gracias.

Para más información sobre el autor visita la página web: www.stopdepresion.com